Draja Mickaharic
Magia
Handbuch für geistigen Schutz

Anmerkungen zur deutschen Ausgabe:
Wir empfehlen unsern LeserInnen dringend, sich unbedingt an die angegebenen Mengen zu halten, vor allem bei Lösungsmitteln wie Aceton, Ammoniak etc.
Eine Haftung für irgendwelche Schäden kann der Verlag leider nicht übernehmen.

(c) 1982 Draja Mickaharic
Titel der amerikanischen Originalausgabe
Spiritual Cleansing - A Handbook of Psychic Protection
Erstauflage 1982 bei Samuel Weiser Inc., York Beach, Maine/USA
Aus dem Amerikanischen von Martin Rometsch
(c) der deutschen Fassung Smaragd Verlag, Neuwied
Deutsche Erstauflage März 1993
Titelbild: edition fotografica, Wahlsburg
Satz: DTP-Service-Studio, Rheinbrohl
Druck: Fuldaer Verlagsanstalt

Draja Mickaharic

Magia

Handbuch für geistigen Schutz

Smaragd Verlag

Inhalt

Einführung	5
Ein paar Worte zur Warnung	7
Der spirituelle Mensch	9
Der "böse Blick"	20
Schutz während des Schlafes	29
Reinigende Bäder	46
Reinigen mit Wasser	71
Reinigen mit Eiern	81
Reinigen mit Düften und Räucherwerk	87
Frieden ins Haus bringen	102
Einen spirituellen Berater finden	109
Empfehlung	121
Verzeichnis der zitierten Bibelstellen	122

Für jene, die mich lehrten,
daß ich lernen könnte

Einführung

Die Leserin/der Leser fragt sich vielleicht, warum jemand auf die Idee kommt, ein Buch über spirituelle Reinigung (geistigen Schutz) zu schreiben. Was ist das überhaupt - spirituelle Reinigung? Sie ist die einfachste Methode, sich von unerwünschter negativer Energie zu befreien. Wir alle begegnen hin und wieder einem Menschen, der sozusagen eine negative Ausstrahlung hat. Vielleicht kommt Ihnen so ein Mensch "grau" oder "dunkel" vor. Wenn Sie ein paar Minuten in der Gesellschaft dieses Menschen verbringen, fühlen Sie sich möglicherweise müde oder schläfrig. Und es kann sogar sein, daß Sie, wenn Sie in seiner Nähe waren oder ihm die Hand geschüttelt haben, das Gefühl überkommt, schmutzig zu sein. Haben Sie nicht schon einmal ein Haus oder eine Wohnung betreten und sofort den Wunsch verspürt, wieder zu gehen? Oder Sie fühlen sich auf einmal so zerschlagen, als ob eine Grippe im Anzug wäre. Oder Sie kaufen ein Haus oder eine Wohnung einzig und allein deshalb nicht, weil Ihnen die "Atmosphäre" nicht gefällt. All diese Symptome sind ein Hinweis darauf, daß manche Menschen, Orte und Dinge negative Schwingungen haben und der spirituellen Reinigung bedürfen.

Mit Hilfe dieses Buches können Sie die meisten alltäglichen Probleme lösen, die durch die Einflüsse negativer Menschen, Orte und Dinge entstehen. Spirituelle Reinigung versetzt Sie in die Lage, Ihre Umwelt zu verbessern - zu Hause, am Arbeitsplatz und an jedem anderen Ort. Dieses Büchlein ist also sozusagen ein Leitfaden der spirituellen "Ersten Hilfe".

Ich habe dieses Buch geschrieben, weil es zu diesem Thema nur sehr wenig Literatur gibt, und ich diese Lücke gerne schließen möchte. Indem ich Lesern ohne okkulte Ausbildung einfache und wirksame Lösungen der häufigsten spirituellen Probleme aufzeige, betrete ich Neuland. Die Lösungen stammen von Menschen aus meiner spirituellen Praxis. Das Bierbad gegen den "bösen Blick" geht auf eine Hexe in Hamburg zurück, während die Verfahren mit Eiern ihren Ursprung in Polen und Mexiko haben.

Ein Arbeitsbuch für praktizierende Okkultisten ist dieses Buch allerdings nicht, eher ein Handbuch für Laien, die sich das Leben angenehmer machen wollen, indem sie sich und ihre Umwelt spirituell sauberhalten.

Bereits in den zwanziger Jahren wurde ein Buch zu diesem Thema veröffentlicht. Die Autorin war Dion Fortune, und der Titel lautet "Selbstverteidigung mit PSI". Es ist ein Werk für Studenten und Praktiker der zeremoniellen Magie, und es enthält einige ausgezeichnete Anregungen, spricht aber Leser an, die sich in der zeremoniellen Magie und der Beherrschung des Geistes mehr als nur oberflächlich auskennen. Der Durchschnittsleser kann mit Dion Fortunes Ideen oft nichts anfangen, weil ihm die notwendige Ausbildung fehlt. Die meisten anderen Bücher über magischen Schutz, die heute erhältlich sind, scheinen sich auf "Selbstverteidigung mit PSI" zu stützen.

Wenn Sie nach der Lektüre meines Buches Näheres zum Thema wissen möchten, sollten Sie sich einen Lehrer suchen. Die persönliche Beziehung zwischen dem Schüler und dem Lehrer ist auf diesem Gebiet sehr wichtig. Durch das spirituelle Studium werden Sie Selbstvertrauen entwickeln und lernen, sich selbst zu prüfen. Wenn Sie dazu bereit sind, wird der Lehrer kommen, und er wird für Sie da sein, solange Sie ihn brauchen.

Am Fest des St. Honoratius
A. D. 1980 Draja Mickaharic

Ein paar Worte zur Warnung

Selbst ein erfahrener spiritueller Praktiker, der auf den folgenden Seiten etwas Neues entdeckt, sollte von den Anweisungen erst dann abweichen, wenn er begriffen hat, wie die Resultate zustandekamen. Die spirituelle Reinigung beeinflußt die spirituelle Seite des inkarnierten Menschen, und solange Sie Ihre Sensitivität nicht (durch Übung) so weit entwickelt haben, daß Sie das Prinzip hinter jeder einzelnen Reinigung verstehen, sollten Sie die Finger von Experimenten lassen. Alle in diesem Buch beschriebenen Verfahren sind ungefährlich und wirksam, wenn Sie die Anleitungen befolgen, und einfach in der Anwendung; Sie benötigen dafür keine besondere Ausbildung und keine speziellen Fähigkeiten. Ich habe sämtliche Reinigungsmethoden selbst ausprobiert und von anderen überprüfen lassen.

Nichts in diesem Buch kann körperliche Beschwerden heilen oder in irgendeiner Weise die Kunst und die Erfahrung eines Arztes ersetzen. Wenn Sie krank sind, suchen Sie bitte Ihren Arzt auf. Dieses Buch befaßt sich ausschließlich mit spirituellen Problemen.

Eine Abweichung von den Anweisungen, die in diesem Buch gegeben werden, kann gefährlich sein und der spirituellen Seite des experimentierfreudigen Lesers ernsten Schaden zufügen. So sind die Bäder nur für den äußerlichen Gebrauch bestimmt, bei innerer Anwendung können sie zu körperlichen Schäden führen. Auch wenn vieles einfach und interessant klingt, sollten Sie nicht auf die Idee kommen, die Anweisungen "ein wenig abzuwandeln". Wenn Sie nur mit Ihrer Begeisterung "Magie betreiben" wollen, betreten Sie einen gefährlichen Pfad. Also: Bitte halten Sie sich ganz genau an alle Anweisungen!

Und denken Sie daran, für die kluge Anwendung der Informationen sind einzig und allein Sie verantwortlich, niemand sonst. Falls Sie die Absicht hegen, sich als Diagnostiker zu betätigen und Bäder und Rituale zu verordnen, um die Probleme anderer Leute zu lösen, lassen Sie die Finger davon! Sie sind dafür nicht qualifiziert und könnten einem anderen übel mitspielen. Wenn Sie diese Informationen für sich selbst anwenden, schaden Sie im schlimmsten Fall sich selbst. Solange Sie nicht bei einem Lehrer studiert und die spirituelle Reinigung von Grund auf gelernt haben, sollten Sie sich peinlich genau an die Anweisungen dieses Buches halten und auf jegliche Experimente verzichten.

Der spirituelle Mensch

Daß der Mensch einen Körper hat, ist keine Frage. Unsere fünf physischen Sinne beweisen es uns Tag für Tag. Gewöhnlich behandeln wir andere so, als ob es nur um ihren bekleideten Körper ginge, und beurteilen neue Bekannte, Kunden, Klienten und Freunde über unsere Sinne, also wie diese den Körper wahrnehmen. Die Art und Weise, wie der andere sich anzieht und seinen Körper pflegt, bildet die Grundlage unseres "ersten Eindrucks".

Umstritten ist stets nur der nicht-körperliche Teil des Menschen - der dazu gehört, aber nicht so leicht einzuordnen ist. Mit ihm befassen sich spirituelle Praktiken, auf ihm gründen die Religionen, und ihm gelten die Zweifel der Wissenschaft. Der Grund dafür ist einfach: Die physischen Sinne, die unaufhörlich die Existenz des physischen Teiles des Menschen bezeugen, liefern keinerlei Beweise für die Existenz des nicht-physischen Teils. Die Wissenschaft, die sich mit dem Meßbaren beschäftigt - also mit Dingen, die von den physischen Sinnesorganen wahrgenommen werden - muß die Existenz des Nicht-Meßbaren leugnen, wenn sie ihre Integrität bewahren will.

Für unsere Zwecke können wir das inkarnierte menschliche Wesen in zwei Teile zerlegen - in den sinnlich erfaßbaren physischen und in den sinnlich nicht erfaßbaren spirituellen Bereich.

Der physische Teil ist das Betätigungsfeld des Arztes, des Chirurgen, des Biologen und jedes anderen Wissenschaftlers. Seine Ausbildung befähigt ihn, jene Teile des Menschenwesens zu behandeln, die man mit Hilfe der Sinnesorgane messen und einteilen kann.

Für den spirituellen Bereich sind Priester, Hexen und Schamanen zuständig. Ihre nicht-wissenschaftliche Ausbildung befähigt sie, sich mit jenen Phänomenen des menschlichen Wesens zu beschäftigen, die mit Hilfe der nicht-sinnlichen Bereiche des Seins gemessen und klassifiziert werden können.

Die beiden Ebenen des Seins verbinden sich nur dann miteinander, wenn ein Praktiker der einen Ebene zugibt, sich über etwas zu wundern, was außerhalb seiner Zuständigkeit liegt und scheinbar in die andere Ebene hineinreicht. Doch diese beiden Bereiche sind in jedem Menschen derartig miteinander verwoben, daß sie ihn in die Lage versetzen, seinen Weg durchs Leben zu gehen. Bei allem, was der Mensch auf dieser Erde tut, setzt er beide Teile seiner Natur ein - den physischen und den spirituellen.

Man sollte noch hinzufügen, daß jede lebende Kreatur auf Erden ihre eigene Qualität hat. Diese Qualität ist der "Eindruck", der von Sensitiven oft als "Schwingung" bezeichnet wird. Diese Schwingung oder Qualität ist nichts Physisches; man kann sie weder mit den menschlichen Sinnesorganen messen noch mit den Instrumenten der Wissenschaft, die die Weiterentwicklung der physischen Sinnesorgane des Menschen darstellen. Ein sensitiver Mensch, der dafür ausgebildet ist, kann jedoch seine entwickelten "spirituellen Sinne" benutzen, um die Qualität oder Schwingung verschiedener Menschen, Orte oder Dinge zu erfassen.

Es heißt oft, alles auf der Erde sei von einem spirituellen Energiefeld umgeben; aber dieses Feld darf man nicht mit dem Feld verwechseln, das ein Magnet erzeugt. Das spirituelle Energiefeld ist, wie die Qualität oder Schwingung von Menschen, Orten und Dingen nicht mit den physischen Sinnen wahrnehmbar. Sobald wir imstande sind, zwischen dem physischen und dem spirituellen Teil des Menschen zu unterscheiden, fällt es uns nicht mehr schwer zu verstehen, was spirituelle Reinigung ist.

Wenn wir glauben, daß jedes Lebewesen seine eigenen Schwingungen ausstrahlt und daß diese Schwingungen von einem unsichtbaren Energiefeld ausgehen, das jedes Wesen umhüllt, begreifen wir, wie wir die Energie eines Teiles des geschaffenen Universums nutzen können, um mit dem menschlichen Energiefeld zusammenzuarbeiten und es von unerwünschtem "Müll" zu befreien. Es funktioniert ähnlich wie eine Verbindung von Fett und Lauge (wir nennen sie Seife), mit der wir den physischen Körper des Menschen schrubben und vom Schmutz befreien. In beiden Fällen verwenden wir einen Teil des geschaffenen Universums, um den physischen (oder spirituellen) Körper eines inkarnierten menschlichen Wesens von unerwünschter Last zu befreien.

An jedem leblosen Objekt - Häuser, Gebäude, Möbel und Kleider - bleiben Spuren der Energie jener lebenden Wesen haften, die mit ihm in Berührung gekommen sind. Die Energie derjenigen, die den Gegenstand hergestellt, verkauft oder früher einmal besessen haben, hat eine Art Stempel auf der spirituellen Substanz oder dem spirituellen Körper eines Gegenstandes oder Geschöpfes hinterlassen; sie haben ihn geprägt. Der spirituelle Körper des inkarnierten Menschen reagiert auf das spirituelle Energiefeld seiner Umwelt, allerdings auf das Energiefeld eines Menschen anders als auf das eines Gebäudes oder Ortes. Die Hypnose ist eine gute Analogie aus dem Bereich des Physischen: Ein Mensch in Hypnose kann sich später an jede Einzelheit seiner Umgebung erinnern, obwohl er sich vielleicht nicht einmal bewußt ist, diese Details wahrgenommen zu haben. Unsere Augen nehmen die Eindrücke der physischen Umwelt so intensiv auf, daß wir sogar imstande sind, uns an das Muster der Tapete zu erinnern, die wir im zarten Alter von drei Jahren im Wartezimmer des Kinderarztes gesehen haben. In der Hypnose erinnern wir uns sogar an Gerüche und Empfindungen unseres Tastsinnes; aber es ist schwierig, diese Beobachtungen anderen mitzuteilen, weil uns ein gemeinsamer Vergleichsmaßstab fehlt.

Einerlei, wieviel Zeit wir an einem Ort verbringen - der spirituelle Teil unseres Wesens ist ein guter Beobachter und erinnert sich bis ins Kleinste an die Einzelheiten der Umgebung. Unsere Spiritualität hilft uns auch, die "spirituellen Schwingungen" oder Spuren spiritueller Energie zu erkennen und einzuordnen. So kommt es zwischen uns und unserer Umwelt zu einem Wechselspiel - auf der physischen und auf der spirituellen Ebene.

Wenn wir zu lange mit einem Gegenstand oder einem Menschen zu tun haben, der eine starke negative Ausstrahlung hat, scheinen wir sogar diese Schwingungen aufzunehmen und davon beeinflußt zu werden, was sich negativ auf unsere eigenen Schwingungen auswirkt. Dann ist eine spirituelle Reinigung angebracht, und so wie wir uns den Schmutz der unvermeidlichen Hausarbeit von den Händen waschen, beseitigen wir die negativen Schwingungen des anderen und heilen uns damit selbst.

Vor Jahren war dieses Wissen Allgemeingut, das von einer Familie zur anderen und von einer Generation zur anderen weitergereicht wurde. Heute tun es viele als "Altweibergeschichten" oder "Aberglauben" ab.

Unsere Welt hat sich in den vergangenen hundert Jahren erheblich verändert, und in den letzten fünfzig Jahren noch mehr. Wir profitieren zwar von unseren wissenschaftlich-materiellen Fortschritten, zahlen dafür aber einen hohen

Preis - ein Teil unseres spirituellen Wissens und manche "alte Überlieferung" sind verloren gegangen.

Wir können in wenigen Stunden von New York nach Los Angeles fliegen; daß sich dabei unsere Energiefelder mit Hunderten oder gar Tausenden von wildfremden Menschen vermischen, ist den wenigsten klar. Unsere physischen Sinne erzählen uns alles über den Flug - über die Vermischung so vieler Energiefelder und die Folgen sagen sie nichts. Nur Menschen mit einem hochentwickelten spirituellen Sinn sind sich dieser Probleme bewußt.

In der "guten" alten Zeit führten wir ein ruhiges Leben im Kreis der Familie. Viele Menschen verbrachten ihr ganzes Leben auf dem Bauernhof oder in einer kleinen Stadt. Noch zu Beginn dieses Jahrhunderts war es für viele ein großes Ereignis, zweimal im Jahr in eine zwanzig oder fünfzig Kilometer entfernte Stadt zu reisen, um dort die Sommer- oder Wintereinkäufe zu erledigen. Die Menschen waren mit ihrer Umwelt eng vertraut und hielten sie von fremden Einflüssen fern. Wenn Fremde kamen, wußten sie, wie sie mit dem Energiefeld, das diese mitbrachten, umzugehen hatten. Jedes Haus hatte seinen Schutzzauber, und jede Familie ihr eigenes Ritual.

Vor mehr als fünfzig Jahren, als ich ein Junge war und in einer ländlichen Gegend Mitteleuropas aufwuchs, wäre es undenkbar gewesen, zu Bett zu gehen, ehe nicht Großmutter eine Prise Salz vor die Haustür gestreut und Großvater den Eingang mit dem schweren Balken versperrt hatte, der als Schutz für die Nacht bestimmt war. Dann sprachen wir das Nachtgebet und baten Gott um Schutz während des Schlafes. Erst danach kletterten wir ins Bett und fühlten uns so sicher wie in Abrahams Schoß.

Schutzrituale bewahren uns vor Schaden, und spirituelle

Reinigung beseitigt ihn, wenn er sich nicht vermeiden ließ. Die meisten Familien haben keine Schutz-Rituale mehr; anders in vielen ethnischen Gruppen, wo immer noch Amulette und Talismane verwendet werden. Noch heute tragen Südeuropäer ein goldenes "Horn" um den Hals. Es soll den bösen Blick abwehren. Viele Christen tragen ein Kreuz als Amulett. Jede Religion hat ihre eigenen schützenden Talismane.

Die spirituelle Reinigung ist ein wichtiger Bestandteil des religiösen Zeremoniells. Zeremonien sprechen unsere Emotionen an, und nach solch einem Ritual geht es uns besser. Wenn wir nach einer lateinischen Messe die Kirche verlassen, fühlen wir uns leichter und reiner. Nach dem Besuch einer Messe, in unserer Muttersprache gehalten, scheint diese Wirkung auszubleiben. Vielleicht besuchen wir einen Ostergottesdienst bei Sonnenaufgang und fühlen uns danach "wie neugeboren", oder gehen am Yom Kippur in den Tempel, und neue Kraft durchströmt uns. Die reinigende Wirkung tritt ein, weil wir das religiöse Ritual innerlich akzeptiert haben. Doch vielleicht fühlen wir uns nach einigen Tagen schon wieder "schmuddelig".

Vor Jahren bestimmte die Religion eines Menschen seine Lebensweise. Heute ist unsere Konfession allzuoft nur noch ein Lippenbekenntnis. Wir vergessen sie während der Woche und gehen am Wochenende nur deshalb in die Kirche, um einer gesellschaftlichen Verpflichtung zu genügen. Die Zeremonie selbst bedeutet uns nichts. Manch einer kennt zwar die äußere Bedeutung der Rituale seiner Religion, aber ihr Symbolgehalt bleibt ihm meist verborgen. Nur wenige Menschen verstehen die Riten anderer Glaubensbekenntnisse. Eines jedoch haben alle Religionen gemeinsam: eine Zeremonie, die den Gläubigen spirituell rein halten soll.

Die meisten Menschen sehnen sich immer noch nach Ritualen, in denen - wie in der alten Zeit - Gott oder die Natur angerufen wurde. Diese Rituale sprechen unser Innerstes an, und wir fühlen uns danach glücklich und entspannt, weil jene spirituellen Teile unserer Natur berührt werden, die uns normalerweise nicht bewußt sind.

Dieses Buch ist eine Anleitung für Menschen, die spirituell rein bleiben wollen, einerlei, ob sie in die Kirche gehen oder nicht. Wenn Sie das Wissen, das Ihnen dieses Buch vermittelt, praktisch anwenden, kommen Sie mit keiner Religion in Konflikt und fördern Ihr religiöses Empfinden. Wenn Sie keiner Religionsgemeinschaft angehören, helfen Ihnen diese Empfehlungen, Ihre Gedanken zu ordnen.

Viele Leser sind wahrscheinlich mit den verschiedenen religiösen Ritualen nicht vertraut, und wir wollen daher kurz die spirituelle Reinigung aus religiösem Blickwinkel betrachten.

Ein religiöses Ritual ist ein Komplex aus einzelnen Kulthandlungen, die für die betreffende Religion charakteristisch sind. Rituale schließen nicht nur Gottesdienste ein, sondern auch zeremonielle Handlungen, wie Taufe, Konfirmation oder Firmung, Heirat und Ordination. Auch das jüdische Bar Mitzva, die Beschneidung des Jungen, und andere Zeremonien, die einen Neuling in die Gemeinschaft der Gläubigen aufnehmen, sind Rituale.

Rituale dienen dazu, den Menschen dem Schöpfer näherbringen. Wenn ein Ritual die gewünschte Wirkung erzielen soll, muß es uns sowohl auf der spirituellen Ebene wie auch auf der physischen ansprechen. Wenn ein Mensch seinem Schöpfer physisch und spirituell näherkommt, fällt alle Negativität, die sich angesammelt hat, von ihm ab.

Die römisch-katholischen, christlich-orthodoxen und jüdisch-orthodoxen Rituale sind ausgereifter, da diese Religionen eine andere Auffassung vom Wesen Gottes und der Zwiesprache zwischen Mensch und Gott haben als die protestantischen Kirchen. Abendmahl und Taufe sind die wichtigsten protestantischen Rituale, während Katholiken und Juden für nahezu alle Ereignisse im Leben Rituale haben. Doch die Reinigung der spirituellen Seite eines Menschen ist, unabhängig von der Religion und vom Ritual, Teil jedes religiösen Erlebens, auch wenn uns das Verständnis dafür verlorengegangen ist.

Eine Religionsgemeinschaft, die in den Vereinigten Staaten beheimatet ist, hat eine vollständige Serie von Ritualen entwickelt, nämlich die "Kirche Jesu Christi der Heiligen der Letzten Tage", die Mormonen. Eines dieser Rituale dient der spirituellen Reinigung und ein anderes dem Schutz gegen negative Kräfte. Die Mormonen besitzen auch ein unübertreffliches Ausbildungsprogramm für spirituelle Lehrer. Jedem Mormonentempel und jeder Mormonengemeinde steht auf Wunsch solch ein Praktiker zur Verfügung. Ein Mormone braucht lediglich den Gemeindevorsteher, einen Priester oder einen Ältesten um Hilfe zu bitten, und sie wird ihm gewährt. Es ist die einzige christliche Religionsgemeinschaft, in der die spirituelle Praxis jedem zugänglich ist.

Die sogenannten primitiven Völker stehen dem Ritual und der spirituellen Praxis des Priestertums derart aufgeschlossen gegenüber, daß eine Bekehrung zum Christentum für sie meist keine großen Probleme mit sich bringt. Das ist der wahre Grund dafür, warum die christliche Mission unter den "Heiden" in früheren Jahrhunderten und in der Neuzeit so erfolgreich war. Die "Heiden" hatten den Eindruck, der christliche Gott müsse wohl mächtiger sein als ihre Götter, und beschlossen, ihn anzunehmen.

Als Menschen aus weniger materiell ausgerichteten Ländern, die mit der Natur noch eng verbunden waren, nach Amerika auswanderten, nahmen sie ihre magischen und spirituellen Rituale mit. Der amerikanische "Schmelztiegel" ist gleichzeitig ein Misch-Masch diverser okkulter Richtungen, ein Konglomerat unterschiedlichster Sitten und Gebräuche aller Völker der Welt und sämtlicher nur denkbaren religiösen Praktiken. Die Folge ist häufig eine Vernachlässigung der eigenen kulturellen Tradition, denn die jüngeren Familienmitglieder interessieren sich eher für Fernsehen, Fußball und andere weltliche Dinge. Die Kinder der ersten Einwanderergeneration wollten mit dem Erbe ihrer Vorfahren nichts mehr zu tun haben. Als erstes gingen die "geheimen" Praktiken, wie Familienrituale und die Geheimnisse der spirituellen Reinigung verloren.

Das Wissen um familiäre und religiöse Praktiken der spirituellen Reinigung nimmt zwar immer mehr ab, aber unsere Berührung mit Fremden mehr und mehr zu. Auf einem einzigen Abstecher zum Einkaufszentrum am Stadtrand oder einer Fahrt mit der U-Bahn begegnen wir wahrscheinlich mehr Menschen, als unsere Großeltern in ihrem ganzem Leben. Außerdem führen die Belastungen unserer Leistungsgesellschaft mit ihrem Streben nach materiellen Gütern bei vielen Menschen zu Orientierungslosigkeit.

Wir müssen also umdenken - und wieder lernen, mit den Erscheinungsformen der spirituellen Energie im Alltag umzugehen. Ein echter übersinnlicher Angriff geschieht nicht oft, da nur wenige Menschen wichtig genug sind, Opfer eines solchen Anschlages zu werden, und die Zahl derjenigen, die imstande sind, ihn auszuführen, ist noch geringer. Negative psychische Einflüsse können aber auf einer viel niedrigeren Ebene übertragen werden, und genau diese negative spirituelle Energie läßt sich durch spirituelle

Reinigung beseitigen.

Es gibt verschiedene Arten dieser negativen spirituellen Energie. Die eine ist der psychische Schmutz, den ein Mensch, der in einem Meer von Negativität lebt, mit sich herumschleppt.

Die Schwester eines meiner Klienten hatte aus beruflichen Gründen jahrelang im Ausland gelebt. Ihr Geschäft ging pleite, und sie kehrte in die Heimat ihrer Vorfahren zurück, wo sie kurz darauf begann, der Reihe nach alle Angehörigen zu besuchen. Sie tischte überall ihre Leidensgeschichte auf und bedachte jedes Familienmitglied mit düsteren Zukunftsprognosen. Nach ihrem ersten Besuch fühlten sich mein Klient und seine Frau sehr erschöpft und verbrachten eine ungewöhnlich schlechte Nacht. Ich empfahl ihnen, Bäder zu nehmen und Weihrauch zu verbrennen. Sie befolgten meine Ratschläge, und der Erfolg stellte sich ein: Der nächste Besuch der Schwester war nicht mehr so kräftezehrend, und nach einiger Zeit beschloß sie, ihre Besuche einzuschränken.

Genauso einfach ist es, die negative Energie von Möbeln zu beseitigen, die man "second-hand" gekauft hat, oder eine Wohnung oder ein Haus mit "schlechten Schwingungen" zu reinigen. Eine meiner Klientinnen kaufte eine alte Kommode, die aus einem Haus stammte, das offenbar voll negativer Schwingungen war, und stellte sie ins Gästezimmer. Innerhalb kurzer Zeit wurde die Stimmung in dem Raum sehr "düster". In meiner Klientin keimte der Verdacht, daß etwas "faul" sei. Sie ließ die Kommode und das Gästezimmer spirituell reinigen. Kaum geschehen, erkundigten sich ihre Gäste, ob sie das Zimmer habe anstreichen lassen, es sehe so hell und freundlich aus.

"Aber", werden sie jetzt vielleicht fragen, "wie kann ich die spirituelle Negativität anderer Menschen von meiner eigenen unterscheiden?" Das ist vor allem dann wichtig, wenn Sie deprimiert sind. Die meisten reifen Menschen können einen Blick in ihr Inneres werfen und herausfinden, warum sie so niedergeschlagen sind. "Warum geht es mir so schlecht?" fragen sie; und das innere Selbst antwortet: "Weil du etwas vermasselt hast." Und sie wissen, daß die innere Stimme recht hat.

Was aber, wenn Sie sich beim Aufwachen wundervoll fühlen, ihre Stimmung aber um zehn Uhr ohne einen plausiblen Grund "umkippt" und einer tiefen Depression Platz macht?

Sie kommen gut mit Ihren Mitmenschen aus, Sie lieben Ihren Beruf, und Sie genießen das Leben - dennoch überfällt Sie eine tiefe Depression. Vielleicht können Sie einfach nicht aufhören, an jemanden zu denken, einerlei, was Sie tun. Vielleicht handelt es sich um einen Kollegen, vielleicht um einen Freund. Er, Sie oder beide können an diesem Phänomen schuld sein. Eine spirituelle Reinigung kann einen großen Teil der belastenden negativen Energie beseitigen.

Die spirituellen Hinweise dieses Buches sind als "Erste Hilfe" zur Lösung des Problems anzusehen. Wenn sich das Problem nicht beseitigen läßt, brauchen Sie die Hilfe eines spirituellen Praktikers. Aber sie können es ja erst einmal alleine versuchen.

Genug der Worte - alle meine bisherigen Ausführungen im Hinterkopf, können Sie mit dem Studium dieses Buches beginnen. Bitte lesen Sie es erst einmal ganz durch. Die meisten Menschen sind mit der Praxis der spirituellen Reinigung so wenig vertraut, daß sie sich zunächst einmal so gut wie möglich informieren sollten, ehe sie sich an eines der Reinigungsverfahren heranwagen.

Der "böse Blick"

Allgemeines

Der böse Blick ist eines der häufigsten Phänomene. Obwohl meist ein unbewußter Vorgang, hat er schon viel Leid und Elend über die Menschen gebracht. Jede Rasse und jedes Volk der Menschheitsgeschichte hat eine eigene Bezeichnung dafür; der Glaube an seine Wirkung ist uralt und weit verbreitet. Auch heute glauben noch viele daran und verwenden diesen Begriff ausgiebiger, als man meinen sollte.

Schon in alten babylonischen und ägyptischen Schriften wird vom bösen Blick berichtet. Man schrieb Menschen, aber auch Tieren die Fähigkeit zu, einem anderen einzig und allein mit einem Blick zu schaden. In diesem Blick steckt tatsächlich eine Energie, die auf Menschen, Tiere und Dinge wirkt. Es ist dieselbe Art Energie wie bei einem echten Fluch.

Der Einfluß des bösen Blickes ist so weit verbreitet, daß er bei vielen, die sich mit Magie beschäftigen, zur Hexenkunst gezählt wird. Demnach wäre er die Grenze zwischen Hexerei und Zauberei. Anthropologen, die sich mit sogenannten primitiven Völkern beschäftigen, haben herausgefunden, daß der böse Blick bei allen Primitiven als real empfunden und gefürchtet wird. Wer sich der geistigen und körperlichen Heilung widmet, leugnet allerdings meist seine Existenz und kann auch kein Gegenmittel angeben.

Der böse Blick wird auch in der Bibel erwähnt. Markus 17,14-23 bezeichnet ihn als eines der Übel, die aus dem Inneren kommen und den Menschen verunreinigen. In einer bekannten Bibelübersetzung wird der Ausdruck "böser

Blick" immer wieder in Verbindung mit dem Neid, seiner eigentlichen Ursache, gebracht. Neid und böser Blick waren einst nahezu gleichbedeutend.

Menschen, die den bösen Blick senden, tun dies meist unbewußt. Manchmal merkt ein Mensch, daß er den bösen Blick hat, und empfindet Reue. Er bittet Gott aufrichtig, von dieser Heimsuchung befreit zu werden. Es gibt Fälle, wo Menschen sich selbst geblendet haben, um ihren eigenen Kindern nicht schaden zu können.

Meist geht der böse Blick von einem Ehepartner zum anderen oder von einem Elternteil zum Kind über, es kommt aber auch vor, daß Menschen sich selbst damit verletzen, zum Beispiel, wenn jemand übermäßig stolz auf seinen Körper oder auf seinen Besitz ist. Im Mythos von Narzissus kann man die Selbstbewunderung und Selbstliebe mit dem bösen Blick gleichsetzen.

Der böse Blick wird an andere weitergegeben, wenn der "Sender" neidisch, eifersüchtig oder besitzergreifend ist. Er schließt die Übertragung ab, indem er den Menschen ansieht, dessen Besitz oder Glück er haben möchte. In der Antike wußten die Menschen, daß sie einem Träger des bösen Blickes zum Opfer fallen konnten. Es war daher nicht ungewöhnlich, Selbstlob zu vermeiden und sich sogar zu erniedrigen, wenn man gelobt wurde. Bei manchen Völkern, zum Beispiel im Fernen Osten, bekommt der Gast geschenkt, was er im Hause des Gastgebers bewundert! Damit will man Neid und als Folge den bösen Blick verhindern.

Was wir als bösen Blick bezeichnen, ist die Wirkung der Energie, die aus den Augen dringt und "negativ geladen" ist. "Aus den Augen schießen feurige Strahlen", sagt Plutarch, "und treffen alles, was sie bewundern." Seiner Auffassung, die Augen könnten Strahlen aussenden, die das Gesehene identifizieren, liegt die Vorstellung zugrunde, die Bewegung der Augen werde vom Willen des Menschen beherrscht. Insofern sind die Augen ein "männliches" durchdringendes Prinzip. Die Ohren hingegen sind empfangende Sinnesorgane, weil sie alle Laute aufnehmen, die zu ihnen gelangen. Dieser alte Glaube ist der Grund, warum in vielen religiösen Glaubensrichtungen geübt wird, die Augen in Zucht zu halten.

Die meisten Opfer des bösen Blickes sind offenbar Frauen, Kinder und junge Menschen. In Gesellschaften, die der Frau eine geringere Bedeutung als dem Mann zuweisen, werden gewöhnlich Frauen für den bösen Blick verantwortlich gemacht. Dort, wo Frauen den gleichen Status haben wie Männer, wird er in der Regel beiden Geschlechtern zugeschrieben. Tatsächlich besteht zwischen dem Geschlecht und der Fähigkeit, den bösen Blick auszusenden, kein Zusammenhang, da es sich um ein echtes spirituelles Phänomen handelt.

Meist wird der böse Blick von den physischen Sinnesorganen nicht wahrgenommen. Nur wenn sich die Folgen auf das Opfer auszuwirken beginnen, hat es zuweilen das Gefühl, "daß etwas nicht stimmt". Nur wenige Menschen können die Übertragung spüren, ehe sie einsetzt. Wer unbewußt Sender ist, überträgt den Fluch im Laufe seines Lebens möglicherweise auf zahlreiche Menschen, ohne sich je des Schadens bewußt zu sein, den er anrichtet.

Die Intensität der übertragenen negativen Energie hängt ganz vom Sender ab. Von einigen der wenigen Menschen, die den bösen Blick willkürlich aussenden können, weiß man, daß sie damit Bäume und kleine Tiere töten können. Es gibt eine Reihe von Berichten über Menschen, die mit ihrem Blick Taschenrechner, Stereoanlagen und andere elektrische oder mechanische Geräte, vor allem Uhren, zum Stillstand brachten. Es muß sich also um eine unbewußte Energie handeln.

Das Markus-Evangelium (11,12-14) erzählt, wie Jesus einen Feigenbaum verfluchte, weil er außerhalb der Saison keine Früchte trug. Nach der Verwünschung welkte der Baum und starb; er "vertrocknete von der Wurzel her" (Markus 11,20-21). Die Energie, mit der Jesus den Feigenbaum verfluchte, ist dieselbe wie die des bösen Blicks.

Die Symptome des bösen Blickes ähneln den Symptomen anderer körperlicher Krankheiten, und ein erfahrener spiritueller Praktiker hält danach zuerst Ausschau. Unabhängig davon, worüber der Kranke klagt, wird ihm gewöhnlich erst einmal eine Behandlung gegen den bösen Blick verabreicht. Es liegt in der Natur der Flüche und negativen Energien, daß die Beseitigung des bösen Blickes der ersten Schritt zur Heilung darstellt. Ein Kranker, der von dieser negativen Energie befreit wird, schöpft neue Hoffnung.

Die häufigsten Symptome des bösen Blickes sind dumpfe Kopfschmerzen - meist nur in einem bestimmten Teil des Schädels - und ungewöhnlich müde oder tränende Augen. In ernsten Fällen kann es zu Störungen des Denkprozesses, allgemeiner körperlicher Schwäche, Energiemangel oder Müdigkeit in Verbindung mit Kopfschmerzen kommen.

Der böse Blick kann eine körperliche Hinfälligkeit hervorrufen, die sich vor allem auf den schwächsten Teil des Körpers auswirkt. Wenn sich der böse Blick ständig wiederholt, zum Beispiel unter Eheleuten, kann als Folge die Neigung zu Unfällen zunehmen oder es kann zu leichten Verletzungen kommen. Eine Frau, die den Geschlechtsverkehr mit ihrem Mann ablehnt, kann durch den bösen Blick impotent machen. Das kommt jedoch selten vor. Wenn es geschieht, ist es meist bewußt. Sensitive, die die Aura sehen können, berichten auch vom Zerreißen der astralen Struktur, von Wunden in der Aura und ähnlichen Wirkungen des bösen Blickes. Am häufigsten wird der böse Blick mit Migräne verwechselt. Wer von einem ihm nahestehenden Menschen immer wieder den bösen Blick empfängt, glaubt oft, an chronischer Migräne zu leiden. Nur eine Krankengeschichte, die alles einschließt, was bis zu zehn Minuten vor dem Einsetzen der Kopfschmerzen geschehen ist, erlaubt dem Arzt oder dem Heilpraktiker eine genaue Diagnose. Einen derartigen Fall sollte man allerdings besser von einem spirituellen Praktiker behandeln lassen.

Wenn Kopfschmerzen mit einem Druckgefühl einhergehen, sollte der Kranke als erstes gegen den bösen Blick behandelt werden. Die häusliche Therapie ist einfach und wirksam und kann weitere Maßnahmen vorbereiten. Jeder, der wiederholt unter Kopfschmerzen oder Augenbeschwerden leidet, sollte damit rechnen, ein Opfer des bösen Blicks geworden zu sein.

Die Behandlung

Alle Methoden zur Behandlung des bösen Blickes haben dasselbe Ziel. Als erstes müssen wir den Betroffenen von der negativen Energie befreien, dann segnen wir ihn und ersetzen dabei die negative Energie durch die positive Energie des Segens. Man kann dieses Verfahren mit der Entfernung eines Splitters vergleichen: Erst wird der Fremdkörper beseitigt, dann kann die Wunde heilen.

Die wirksamste Einzelbehandlung gegen den bösen Blick ist das Bierbad. Es befreit den Kranken von sämtlichen Folgen des bösen Blickes und stärkt gleichzeitig den spirituellen Körper. Es wird wie folgt zubereitet und angewendet:

Bierbad

1. Gießen Sie etwa einen Liter Bier in eine Badewanne, die gut halb mit lauwarmem Wasser gefüllt ist, so daß Sie ganz untertauchen können. Geben Sie einen Teelöffel Tafelsalz dazu und rühren Sie in Uhrzeigerrichtung um, bis das Bier mit dem Wasser vermischt ist.

2. Steigen Sie in die Wanne und tauchen Sie mehrere Male ganz unter. Setzen Sie sich dann auf und begießen Sie sich mit dem Wasser. Wiederholen Sie das Untertauchen und Begießen mehrere Male, bis Sie sechs oder sieben Minuten in der Badewanne verbracht haben. Um das Wasser über Ihren Körper zu gießen, können Sie eine Pfanne oder ein Glas benutzen.

3. Steigen Sie aus der Wanne und trocknen Sie die Haare mit einem Handtuch ab. Ziehen Sie einen Bademantel an und lassen Sie das Badewasser auf der Haut trocknen. Sie sollten unverzüglich zu Bett gehen und aufrichtig um Hilfe beten. Der dreiundzwanzigste Psalm ist als Gebet am besten geeignet. Gläubige Christen können auch das Vaterunser (Matthäus 6,9-13) sprechen.

Das Gebet nach dem Bad ist ebenso wirksam wie das Bad selbst. Die Beseitigung der negativen Energie durch das Bad verstärkt jedoch das Gebet. Die meisten Menschen wissen nicht, wie man betet. Doch nur, wenn man richtig betet, ist das Gebet ein wirksamer Schutz gegen den bösen Blick. Eine Anleitung für das richtige Beten gibt Matthäus 6,6.

Im Evangelium des Matthäus (vgl. Kapitel 5,43 bis 7,29) finden wir die beste spirituelle Anleitung, die es gibt, und wer sie in Theorie und Praxis beherrscht, ist gegen die Folgen des bösen Blickes gefeit.

Bei weniger schwerwiegenden Fällen gibt es noch andere Behandlungsmethoden gegen den bösen Blick. Wenn man für dessen negative Wirkung besonders anfällig ist, kann man sich schon von vornherein dagegen schützen. Das gilt vor allem für Leute, die unter dem Neid oder der Eifersucht eines Lebensgefährten, Geschäftspartners oder Freundes leiden. Man kann diese Methoden als Kosmetik ausgeben und die Rituale täglich vollziehen, während man sich bemüht, die Seele auf eine Ebene emporzuheben, wo sie nicht mehr angreifbar ist.

Erstens. Wir haben bereits erwähnt, daß die Ohren passive, empfangende Organe und die Augen aggressiv gebende Organe sind. Die symbolische Reinigung der Ohren kann das Böse (jenen Teil der göttlichen Schöpfung, der dort ist, wo Sie ihn nicht haben wollen) am Eindringen hindern. Das bedeutet: Wir sollten die Ohren täglich mit einem Wattebausch säubern, den wir in reines Wasserstoffperoxid getaucht haben. Dieses einfache Verfahren beseitigt die Anfälligkeit für den bösen Blick oder schwächt zumindest seine Wirkung. Es soll sogar die Neigung zu Erkältungen verringern.

Zweitens. Muskelspannungen, vor allem im oberen Schulterbereich und im Nacken, machen anfällig gegen den bösen Blick. Das gleiche gilt (in weniger ernsten Fällen) für "schlechte Schwingungen", die den Betroffenen gegen seine Umwelt abstumpfen. Sie können einen Teelöffel Basilikum in einer Flasche Äthylalkohol (zum Einreiben) einweichen und die Flüssigkeit tagsüber im Nacken und auf den Schultern in die Haut reiben, um die Verkrampfung zu lindern. Dieses Mittel hilft vor allem Frauen, die unter harter körperlicher Arbeit leiden. Sie können die Alkohol-Basilikum-Mixtur mit etwas Watte oder Stoff einreiben.

26

Drittens. Eine kühle Dusche ist eine ausgezeichnete Methode, sich von Negativität, Spannungen oder Sorgen, die sich im Laufe des Tages angesammelt haben, zu befreien. Wenn Sie sich gleich nach der Rückkehr von der Arbeit eine kühle Dusche gönnen, werden Sie merken, daß Sie zu Hause weniger angespannt sind. Die Probleme des Arbeitstages verschwinden im Abfluß, und Sie werden den ganzen Abend gut gelaunt sein.

Viertens. Ein Wannenbad am Morgen - mit einem Teelöffel Meersalz versetzt - ist ein nützliches Verfahren, um schwache negative Schwingungen aller Art und weniger schwere Folgen des bösen Blickes zu beseitigen. Meersalz bekommen Sie inzwischen in jedem Supermarkt.

Gegen den bösen Blick werden viele Zaubersprüche, Talismane und Amulette eingesetzt. Die Zaumzeugbeschläge der Pferde, die heute Sammlerwert haben, sollten ursprünglich die Tiere vor Unheil bewahren. Wie sehr ein Zauber oder ein Amulett schützt, hängt davon ab, wie fest man daran glaubt. Jedes Amulett und jeder Talisman kann einen gewissen Schutz vor dem bösen Blick bieten.

Es gibt auch vorbeugende Maßnahmen. Eine davon ist das Gebet. Beten Sie um Schutz während des ganzen Tages - am besten morgens nach dem Aufstehen. Aufrichtige Gebete werden immer erhört.

Sie können Ihre Aura wirksam schützen, indem Sie eine Schnur um die Hüfte tragen. Frauen können einen geknüpften Gürtel verwenden (entweder über der Kleidung oder darunter) und ihn vor dem Körper mit einem Kreuzknoten binden. Männer binden sich eine Schnur aus Baumwolle in der gleichen Weise um die Hüfte, allerdings unter der Hose.

Auch ein gesegnetes Kruzifix oder ein anderes religiöses Amulett ist wirksam, wenn Sie ein aufrichtiger Anhänger der

Religion sind, die es symbolisiert. Wenn Sie nicht an seine Wirkung glauben, hat es keinen Sinn, dieses Symbol zu tragen; es wird nicht helfen.

Hin und wieder brechen Amulette und religiöse Symbole entzwei oder sie "verschwinden", wenn sie eigens zum Schutz gegen den bösen Blick getragen werden. Es ist besser, danach auf sie zu verzichten, da die Zerstörung und die Unauffindbarkeit ein Beweis dafür sind, daß sie ihren Zweck erfüllt haben. Wenn sie zerbrechen, sollte man sie ersetzen; aber das beschädigte Amulett lasse man dort liegen, wo es hingefallen ist. Heben Sie es also nicht auf!

Neben dem obenerwähnten Bierbad gibt es noch viele andere Methoden, sich von den Wirkungen des bösen Blickes zu befreien. Die meisten (zum Beispiel das deutsche Bierbad) sind Teil eines bestimmten kulturellen Umfeldes und eines Volksglaubens. Manche Methoden sind in ihrem Anwendungsbereich eingeschränkt oder dürfen nur unter gewissen Umständen benutzt werden. Ein Reinigungsverfahren stammt aus Süditalien und darf nur an eine Person des anderen Geschlechts weitergegeben werden - und zwar genau dann, wenn die Uhr am Sylvesterabend die Mitternachtsstunde schlägt!

Ob man Bäder oder Gebete vorzieht, ist Geschmacks- bzw. Glaubenssache. Das Bierbad ist die wirksamste Methode. Wenn die "Erste Hilfe" nicht zu einer dauerhaften Erleichterung führt, kann eine zusätzliche Behandlung erforderlich werden. Bringt das Bierbad nur eine leichte Linderung, sollte man es wiederholen, bis man einen spirituellen Praktiker aufsuchen kann. Erste Hilfe ist Erste Hilfe - aber bei schlimmen oder chronischen Zuständen sollte man nach anderen Wegen suchen.

Schutz während des Schlafes

Neben dem bösen Blick gibt es ein weiteres spirituelles Problem, das dem Menschen oft zu schaffen macht - man könnte es als "Beeinflussung während des Schlafes" bezeichnen. Dieser Ausdruck umfaßt eine Vielfalt spiritueller Beschwerden. Die häufigsten werden wir erörtern. Bevor wir aber über Rituale und Arzneien gegen Schlafstörungen reden, müssen wir ihre Ursache untersuchen. Außerdem ist es wichtig, daß Sie Sinn und Zweck des Schlafes verstehen.

Schlaf

Der Schlaf verschafft sowohl dem Bewußtsein wie auch dem physischen Körper eine Phase der Ruhe. Während des Schlafes ist die spirituelle Seite des Menschen frei - wie ein Gefangener, der Urlaub auf Ehrenwort bekommt. Die Analogie ist durchaus zutreffend! Während des "Lebens" ist der Geist, jener Teil des Menschen, der gewöhnlich Seele genannt wird, tatsächlich ein Gefangener des Fleisches. Wenn die Seele inkarniert, nimmt sie einen Körper an. Daher sind wir Seelen, die einen Körper haben, nicht Körper, die eine Seele haben.

Die Seele ist der wahre, unsterbliche und ewig währende Teil des Menschen, während der Körper lediglich der vorübergehende und entbehrliche Teil unseres Selbstes ist. Dadurch wird der Schlaf zu einer Zeit der Freiheit für die Seele, ein täglicher Urlaub von der mühseligen Existenz im Fleische.

Wenn wir den Schlaf aus diesem spirituellen Blickwinkel betrachten, wird uns klar, daß die Aufhebung des Bewußtseins unsere denkenden, logischen, rationalen oder kritischen Fähigkeiten (wir nennen sie Verstand) dämpft, so daß wir das Spirituelle akzeptieren oder wenigstens für eine Weile zu ihm zurückkehren können. Der bewußte Geist neigt dazu, den Versuchungen aus dem spirituellen Bereich zu widerstehen; ihn anzuerkennen würde bedeuten, daß das "Bewußtsein" nicht ganz so bewußt ist.

Da unsere spirituelle Seite während des Schlafes verletzlicher ist, umfaßt der allgemeine Ausdruck "Beeinflussung während des Schlafes" alle denkbaren Fälle. Es ist aber möglich, daß ein Mensch im Wachzustand einem Einfluß erlegen ist, der sich erst auswirkt, wenn er schläft. Hier paßt der Vergleich mit einer Katze, die einer Maus auflauert und erst zum Sprung ansetzt, wenn die Maus in ihrer Wachsamkeit nachläßt.

Wenn wir nicht schlafen können, stimmt irgendetwas nicht. Unserer Seele wird ihr Urlaub versagt. Freunde sagen dann, wir hätten Sorgen. Wenn wir diese Möglichkeit eingehend untersuchen, finden wir vielleicht heraus, was uns nicht schlafen läßt. Gelingt es uns, das Problem zu lösen, können wir wieder schlafen. Aber manchmal stellt sich der Schlaf auch dann noch nicht ein. Jetzt ist es an der Zeit, an eine paranormale oder spirituelle Beeinflußung zu denken. Gelegentlich geben uns Träume einen Hinweis.

Der Traumzustand

Die meisten Menschen haben für ihre Träume Erklärungen. Träume sind ein beliebtes und interessantes Thema, aber so leicht lassen sie sich meistens doch nicht erklären. Prüfen wir einmal, was in einem Traum oder in einem sogenannten Traum vor sich geht.

Die untere astrale Ebene

Die Freiheit, oder "Losgelöstheit" der Seele während des Schlafes darf nicht mit Erlebnissen auf der unteren Astralebene verwechselt werden. Wenn der Geist gerne in diesem Bereich verweilt, ist der Aufenthaltsort für den Anfänger oft eine Quelle der Freude; womöglich ist es für ihn schwierig, den Versuchungen auf dieser Ebene zu widerstehen. Wenn diese Versuchungen während des Tages in die Realität des Wachbewußtseins übertragen werden, halten wir sie manchmal für Träume. Gelegentlich sind sie das, was wir "Beeinflussung während des Schlafes" genannt haben.

Oft sind die "Träume" der unteren Astralebene nichts weiter als Wünsche des Träumers.

Hin und wieder handelt es sich lediglich um eine Unterhaltung zwischen zwei Träumenden. Sie befassen sich im Geiste mit Themen, die ihnen im Wachbewußtsein unangebracht erscheinen würden. Träume können auch die Folge gelöster Spannungen im Unbewußten sein. Diese unbewußte Entspannung ist die eigentliche Grundlage der Psychoanalyse. Je mehr der Traum eine gelöste Spannung oder die unbewußte Freisetzung einer Energie symbolisiert, desto intensiver erlebt ihn der Träumende.

Wenn der Traum von verbotenen Erlebnissen handelt, verbraucht er die Lebenskraft des Träumenden. Diese Energie sollte man nicht im Traumzustand, sondern besser am Tag nutzen. Die Vergeudung der Lebenskraft für negative Zwecke ist das, was wir verhindern wollen, wenn wir versuchen, "Beeinflussung während des Schlafes" abzuwehren.

An dieser Stelle sei darauf hingewiesen, daß lebhafte Träume - jene, an die wir uns leicht erinnern - von freigesetzter

Energie aus dem Astralkörper hervorgerufen werden. Dabei lösen sich auch negative emotionale Hemmungen in unserem Inneren auf. Analytiker der Jungschen Schule und andere Psychologen ermutigen ihre Patienten zu träumen und auf diese Weise Energie loszuwerden. Sie vermeiden den Begriff "Astralleib", doch das Ergebnis ist dasselbe. Der Zweck der Traumerfahrung besteht darin, das unbewußte Gedächtnis von blockierter Energie zu befreien, wobei diese Energie gelöst und abgestrahlt wird. Jede erfolgreiche psychologische oder spirituelle Behandlung führt zu seelischer und geistiger Klarheit - und diese Klarheit ist auch das Endresultat jeder ordentlichen spirituellen Ausbildung.

Magie und Dämonen

Immer wieder erzählt man sich Geschichten über astrale Dämonen, psychische Angriffe, Ungeheuer aus der Tiefe und andere Heimsuchungen während des Schlafes. In den meisten Fällen sind diese Erlebnisse auf Schuldgefühle, Angst, Selbstbetrug, Gier oder sogar krankhafte Störungen des Opfers zurückzuführen. Die bewußte Vorstellung von Gut und Böse in uns allen wird während des Heranwachsens vom Kind zum reifen Menschen an das Unterbewußtsein abgegeben. Die unbewußte Vorstellung von Gut und Böse zieht gewisse negative Kräfte an. Illusionen und Selbsttäuschungen auf diesem Gebiet dienen eher der Selbstberuhigung als der Auseinandersetzung mit der göttlichen Realität, wenn wir nicht wissen, was die göttliche Realität ist. Wer unter den "Ungeheuern" leidet, wird, wenn die Zeit reif ist, nach Hilfe suchen. Die Hilfe kann durch eine Psychoanalyse, einen spirituellen Berater, den "richtigen" Unterricht oder den "richtigen" Lehrer kommen.

Manch einer wird auch Opfer einer Attacke eines berüchtigten "Schwarzmagiers". Sollte ein erfahrener und mächtiger Magier Sie aus einem unerfindlichen Grund als Opfer auserkoren haben, werden Sie es wohl nie erfahren, sondern wahrscheinlich schnurstracks auf das Ihnen vorgegebene Ziel zumarschieren. Sie haben schwerlich eine Chance und dürfen kaum darauf hoffen, Ihre Richtung ändern zu können. Während Sie nach seiner Pfeife tanzen, sind Sie vermutlich fest davon überzeugt, nach Ihrem freien Willen und Ihrem eigenen Interesse zu handeln. Das einzige Indiz, daß etwas nicht stimmt, ist der Umstand, daß "alles wie geschmiert läuft", wenn er der "Stimme seines neuen Herrn" folgt. Da dieser Zustand selten als negativ angesehen wird, ist es sehr schwer, das Opfer davon zu überzeugen, daß es unter Einfluß eines Schwarzmagiers steht.

Es gibt eine ganze Reihe von Fällen, die derartige Erlebnisse belegen; sie sind geradezu unglaublich! Wer sich mit diesem Gebiet nicht eingehend befasst oder selbst entsprechende Erfahrungen gemacht hat, wird diese Berichte nicht als Wirklichkeit akzeptieren. Wer unter einem Zauberbann steht, macht auf andere einen völlig normalen Eindruck. Und das macht das Ganze so schwierig.

Übersinnliche Angriffe

Im allgemeinen sind übersinnliche Angriffe nicht so faszinierend wie die oben beschriebenen Dämonen und Magier. Es gibt verschiedene Arten von Attacken, und wir werden sie alle erörtern. Sie sind nichts Besonderes und leicht abzuwehren.

Der Durchschnittsmagier

Wenn ein sogenannter Magier beschließt, einen anderen Menschen anzugreifen oder zu beherrschen, wendet er eine niedrige Form der Magie an. Das Opfer spürt den Angriff! Es fühlt, daß etwas nicht stimmt, und versucht, gegen die fremde Energie anzugehen. Vielleicht hat es Alpträume, schläft unruhig, sieht furchterregende Erscheinungen oder andere Phänomene. Hinweise und Bemerkungen von Freunden und Bekannten können eine intensive Selbsterforschung auslösen. Manchmal ändert das Opfer sogar seine Schlafgewohnheiten. Das Gefühl, unter fremdem Einfluß zu stehen, kann den Angegriffenen veranlassen, einen spirituellen Berater aufzusuchen.

Der psychische Übergriff

Eine andere Beeinflussung während des Schlafes liegt vor, wenn Sie mit Gedanken erwachen, die Ihrem Wachbewußtsein fremd sind. Das ist anders, als mit Traumbruchstücken im Kopf aufzuwachen. Traumreste können zwar auch vorhanden sein, aber daneben denken Sie vielleicht an einen bestimmten Menschen. Die Erinnerung mag einen Fingerzeig geben, wer Sie im Schlaf zu beherrschen versucht. Der Mensch, von dem die Beeinflussung ausgeht, ist sich dessen wahrscheinlich gar nicht bewußt - vielleicht ist er unsicher, oder er hängt sehr an Ihnen, oder Sie flößen ihm Angst ein, oder Sie haben für ihn eine Bedeutung, von der Sie nichts wissen. Um sich dagegen zur Wehr setzen zu können, brauchen Sie sich glücklicherweise um die Motive des Angreifers nicht zu kümmern. Sie müssen lediglich Ihre Wohnung reinigen, und dann sind Sie wieder frei zu tun, was Sie wollen!

Solch ein Übergriff kann viele Ursachen haben, und die Folgen sind nicht weniger vielfältig. Symptome sind Vitalitätsverlust, zunehmende Müdigkeit oder die Bereitschaft, das eigene Leben immer mehr einem bestimmten anderen Menschen zu opfern. Es kann sogar auch vorkommen, daß sich das Opfer für ein besonderes Anliegen engagiert - beispielsweise für eine gute Sache. Aufschlußreich ist es, wenn der Betroffene plötzlich sein Verhalten in unerklärlicher Weise ändert.

Lassen Sie sich die Geschichte eines meiner Klienten erzählen: Dieser entwickelte sich immer mehr zum Tolpatsch. Immer häufiger hatte er kleine Unfälle - mit dem Auto, am Arbeitsplatz, beim Treppensteigen und so weiter. Die Untersuchung brachte ans Licht, daß ein Kollege hinter seiner Stelle her war. Er arbeitete mit Magie, die während des Schlafes wirkte.

Eine andere Klientin, eine junge Dame, war im Leben recht erfolgreich. Plötzlich interessierte sie sich für einen Mann, den sie seit langem kannte und der ihr bis jetzt nichts bedeutet hatte. Der Mann schien auf ihr Interesse nicht zu reagieren. Sie verstand sich selbst nicht, und im Laufe der Behandlung stellte sich heraus, daß ihre Freundin den Mann, mit dem meine Klientin seit Jahren fest befreundet war, für sich selbst erobern wollte. Mit Hilfe der Magie versuchte die Freundin, meine Klientin einem anderen Mann in die Arme zu treiben, um den Mann zu bekommen, den sie wollte. Der Fall wurde noch interessanter, als der "unzugängliche" Mann mich ebenfalls konsultierte, um herauszufinden, was vorging. Er hatte bemerkt, daß meine Klientin sich um ihn bemühte, und ihm war nicht klar, warum sie bereit war, um seinetwillen ihren Freund aufzugeben. Oft spielen sich solche Vorgänge ohne bewußtes Zutun der Beteiligten ab. Die Menschen haben immer noch nicht begriffen, wie stark die Kraft der Gedanken ist.

Um psychische Angriffe abzuwehren, müssen wir ein wenig von der Psyche verstehen. Gedanken, die in unsere Psyche eindringen, stammen selten aus unserem eigenen Bewußtsein; wir reagieren ständig auf die Gedankenimpulse anderer Menschen, und weil das so oft geschieht, fällt es uns schwer zu erkennen, daß etwas nicht stimmt. Wenn wir wissen wollen, ob wir von äußeren Kräften beeinflußt werden, müssen wir auf die Hinweise anderer achten. Vielleicht machen Freunde und Bekannte Bemerkungen über unsere Müdigkeit, eine Veränderung in unserer Haltung oder in unserer Persönlichkeit oder andere Auffälligkeiten - Anzeichen für eine fremde Einwirkung und eine Warnung.

Der psychische Vampir

Der psychische Vampir trinkt nicht Ihr Blut! Er ist vielmehr ein Mensch, der Ihre Energie aufsaugt. Diese Erfahrung ist keineswegs selten. Jeder kennt jemanden, der ihn "nervt" - zum Beispiel einen Menschen, der anruft und am Telefon ohne Unterlaß redet, so daß man, wenn das Gespräch beendet ist, ein Nickerchen machen möchte. Oder man besucht "Tante Maria", und hat beim Abschied das Gefühl, eine Grippe wäre im Anmarsch. Viele Menschen, die anderen Energie abzapfen, haben von ihrer Vampir-Tätigkeit keine Ahnung.

Dieser Vampir ist ein Schwächling, der einem Stärkeren Energie abzapft. Die Folge ist ein Opfer, das sich beim Aufwachen müde und zerschlagen fühlt - nach einem Schlaf, der eigentlich hätte erholsam sein sollen. In den ersten paar Stunden nach dem Aufwachen ist der Betroffene mürrisch und reizbar, oder er ist einfach "nicht auf der Höhe". Wenn wir diese Symptome verspüren, sollten wir im Wachzustand nach dem psychischen Vampir suchen und herausfinden, wer es ist. Dann sind wir imstande, nachts unser Schlafzimmer abzuschirmen, damit er uns keine Lebenskraft mehr stehlen kann.

Besuche von Nicht-mehr-Lebenden

Hin und wieder hat ein Mensch einen lebhaften Traum oder eine Serie von Träumen, in denen immer wieder ein verstorbener Familienangehöriger auftaucht. Manchmal ist das ein Zeichen, daß der Geist des Verstorbenen mit dem Lebenden Verbindung aufnehmen möchte. Haben die Träume keinen Sinn, enthalten sie keine Botschaft, möchte sich der Verstorbene vielleicht nur bemerkbar machen. Oder der Betroffene ist von dem Verstorbenen "besessen". Wenn er den Geist nicht zu sich "heranzieht", ist das Problem leicht zu lösen: mit Mottenkugeln. Sie rauben dem Geist seine Energie. Dabei erleidet er keinen Schaden, da er seine Lebenskraft nicht verliert, sondern nur den Geplagten in Ruhe läßt. Lesen Sie dazu den Abschnitt "Mottenkugeln" in diesem Kapitel.

Sexuelle Träume

Wenn Sie lebhafte romantische Gefühle haben oder sich nach dem Aufwachen an Träume erinnern, die erotische Episoden mit einem anderen Menschen einschließen, haben Sie diese Romanzen auf spiritueller Ebene möglicherweise tatsächlich erlebt. Das sexuelle Zwischenspiel gelangt meist nur dann ins Tagesbewußtsein, wenn sich das Bewußtsein nicht dagegen wehrt. Diese Erlebnisse sind der Ursprung wundersamer Geschichten über "sexuelle Geister" (Incubus und Succubus), die sich mit nicht ganz unwilligen Opfern auf spektakuläre sexuelle Abenteuer einlassen.

In den meisten Fällen haben solche Traumepisoden - auch wenn sie zum Orgasmus führen - nichts mit einem Menschen zu tun, den Sie kennen. Der Partner ist ein Fremder. Selbst wenn Sie den Partner Ihres sexuellen Traumes kennen, ist das noch kein Beweis dafür, daß Sie eine Affäre mit seinem astralen Double gehabt haben. Wichtiger noch: Es beweist nicht, daß die Person, von der Sie geträumt haben, von Ihrem intimen Traum etwas weiß. Jeder, der intensive sexuelle Träume hat, sollte sich darüber im klaren sein. Wenn Sie über diese Tatsachen Bescheid wissen, können Sie sich manche Peinlichkeit im bewußten, wachen Zustand ersparen.

Die Freuden, die solche "Astralaffären" vermitteln, sind für jemanden, der seine Spiritualität entwickeln möchte, nicht sonderlich hilfreich. Sie können diesen Traumerfahrungen vorbeugen, indem Sie vor dem Einschlafen ein aufrichtiges Gebet sprechen. Sie können auch eine Prise Salz ins Bettzeug streuen oder es mit etwas Weihwasser besprengen. (Lesen Sie dazu den Abschnitt über geweihtes Salz.) Wenn diese Maßnahmen keinen Erfolg haben, müssen Sie sich selbst erforschen, um herauszufinden, warum sich die Träume immer noch einstellen. Vielleicht ziehen Sie sie aus irgendeinem Grund selbst an.

Die Behandlung

Die Behandlung spiritueller Symptome und Beschwerden, die durch Beeinflussungen während des Schlafes hervorgerufen werden, ist eine vielschichtige Angelegenheit. Vorbeugende Maßnahmen sollten ein fester Bestandteil des abendlichen Rituals vor dem Zubettgehen sein. Hin und wieder kann man, wenn erforderlich, weitere Maßnahmen ergreifen. Wir bekommen Hinweise aus der äußeren Welt, und wir sollten ihnen Beachtung schenken. Streit mit einem Arbeitskollegen, eine Auseinandersetzung mit einem schlecht gelaunten Verwandten oder der Drang, die Augen offen zu halten, obwohl sie erschöpft sind - das alles sind mögliche Warnsignale.

Vor allem sollten Sie beachten, daß die grundlegenden Vorkehrungen einfach sind - so einfach, daß jeder sie treffen kann, während er sich aufs Schlafengehen vorbereitet. Diese grundlegenden Schutzmaßnahmen sollten für Sie so selbstverständlich werden wie das Zähneputzen. Und wenn Sie das Gefühl haben, stärkeren Schutz zu benötigen, können Sie weitere Rituale hinzufügen. Sobald Sie spüren, daß sie nicht mehr erforderlich sind, verzichten Sie darauf. Streben Sie nach Ausgewogenheit - denn das Bedürfnis nach Schutz sollte nicht in Verfolgungswahn ausarten.

Wasser - die Grundlage der Behandlung

Wenn Sie Einwirkungen während des Schlafes verhindern wollen, müssen Sie zunächst ein Gefäß bereitstellen, das die zufließende Energie aufnimmt. Dabei leistet ein abendliches Ritual, das man "Schlafen mit Wasser" nennt, nützliche Dienste. Es ist so verbreitet, daß viele es seit ihrer Kindheit anwenden, ohne sich dessen bewußt zu sein. Füllen Sie vor dem Zubettgehen ein Glas mit Wasser und stellen Sie es auf den Nachttisch neben Ihrem Bett. Dieses Wasser ist kein Trinkwasser; es steht da, um alle Energie einzufangen, der Sie sich nicht aussetzen möchten. Aus diesem Glas sollten

Sie niemals trinken. Gießen Sie das Wasser am Morgen weg und spülen Sie das Glas dreimal aus. Schütten Sie auch das zum Spülen des Glases verwendete Wasser weg. Mit dem Wasser beseitigen Sie auch die Energie, die es aufgenommen hat.

Wiederholen Sie dieses Ritual jede Nacht, und Sie werden sehen, daß viele Schlafprobleme verschwinden. Schlafen Sie trotzdem ab und zu schlecht, sollten Sie jeden Abend einige Kampferstückchen ins Wasser geben. Ein Stück in der Größe eines Streichholzkopfes genügt. Ein größeres ist nicht unbedingt wirksamer. Die Energie, die bei der Auflösung des Kampfers freigesetzt wird, trägt auch dazu bei, fremde Gedankenformen aufzulösen.

Es ist völlig gleichgültig, mit welcher Hand sie, wenn Sie abends das Glas füllen, den Wasserhahn aufdrehen. Am Morgen sollten Sie das Gefäß allerdings in die linke Hand nehmen (wenn Sie Linkshänder sind, in die rechte Hand). Dadurch und durch die gesamte Prozedur unterstreichen Sie symbolisch Ihre Weigerung, die Energie zurückzunehmen, die das Wasser in der Nacht absorbiert hat.

Geweihtes Salz

Dieses Salz können Sie in jeder römisch-katholischen Kirche bekommen. Eine Prise geweihtes Salz, ind Bettzeug gestreut, trägt dazu bei, Sie zu "erden" und Ihre nächtlichen Ausflüge ins Astralreich etwas einzudämmen. Auch das Besprengen des Bettes mit Weihwasser ist nützlich - aber es ist nur zu empfehlen, wenn Sie alleine schlafen. Weihwasser können Sie sich ebenfalls in einer Kirche besorgen.

Seit der Erneuerung des römisch-katholischen Ritus durch das zweite vatikanische Konzil und der Abschaffung der

40

lateinischen Messe hat der Glaube an die Wirksamkeit von geweihtem Salz, Öl und Wasser in der Priesterschaft nachgelassen. Die Wirkung ist im Gegensatz zur theologischen Lehrmeinung von der spirituellen Entwicklung der inkarnierten menschlichen Seele abhängig, die den Weiheakt vollzieht. Wenn Sie Weihwasser oder geweihtes Salz haben möchten, bitten Sie einen Geistlichen darum, die Weihe vorzunehmen - vielleicht einen bestimmten Priester, wenn Sie das Gefühl haben, daß er dafür Verständnis hat. Die Erfahrung lehrt, daß manche Priester geeigneter sind als andere. Weihwasser oder geweihtes Salz im Bettzeug eignet sich besonders gut dafür, sexuelle Träume loszuwerden. Wenn diese Mittel nicht helfen, das heißt, wenn die Träume sich zu oft einstellen und sich auch durch eine Meditation nicht vertreiben lassen, kann man dem Problem mit Beten beikommen. Ein aufrichtiges Gebet kurz vor dem Einschlafen hebt die Seele auf eine höhere Ebene.

Meersalz

Meersalz ist ein sehr wirksames Mittel für Gebrechliche und Kinder. Es reinigt die Luft und hält psychischen Schmutz fern. Wenn Sie nicht in der Nähe des Meeres leben, kann es schwierig sein, Salzwasser zu beschaffen. Meersalz können Sie aber im Reformhaus kaufen. Meist genügt eine Prise davon. Streuen Sie es ins Badewasser oder ins Bettzeug.

Mottenkugeln

Mottenkugeln sind in jeder Drogerie erhältlich. Sie helfen, unerwünschte psychische Einflüsse abzuwehren. Legen Sie sie in die Ecken des Zimmers.

Ätherische Substanzen

Alle ätherischen Substanzen, die man in einem Behälter in die Ecke eines Raumes stellt, tragen dazu bei, den Raum von negativen Einflüssen zu befreien. Denken Sie daran, daß diese ätherischen Stoffe brennbar sind. Wählen Sie also solche aus, die die Brandgefahr im Haus nicht vergrößern. Mottenkugeln und Kampfer sind beinahe risikolos. Entflammbare Flüssigkeiten sind feuergefährlich und sollten - wenn überhaupt - mit größter Vorsicht verwendet werden. Wer ungewöhnlich empfindlich auf Alpträume, Naturgeister oder Naturgewalten reagiert, kann Terpentin in verschlossenen Gläsern in die Ecken seines Schlafzimmers stellen.

Wenn Sie Aceton an eine Wand in der Nähe des Bettes spritzen, versiegeln Sie sie etwa eine Woche lang gegen astrale Besucher. Der Nachteil: Die Säure beschädigt die Farben und Tapeten erheblich! Stattdessen können Sie Whisky, Rum oder Äthylalkohol (zum Einreiben) mit einer gleichen Menge Wasser mischen und damit fast die gleiche Wirkung erzielen, ohne größeren Schaden anzurichten.

Mit schwarzer chinesischer Tusche gefärbtes Aceton kann man in kleinen, verschlossenen Flaschen in die Ecken eines Zimmers stellen, um Geister von einem Besuch abzuhalten. Dieses Mittel entmutigt den geistigen Besucher, weil es seinen Richtungssinn verwirrt. Mit anderen Ingredienzien und von einem spirituellen Berater "behandelt", wirkt dieser Abwehrzauber stärker; aber auch Aceton und Tusche alleine sind nicht wirkungslos.

Hilfe für Kranke

Wenn wir anderen helfen wollen, müssen wir uns erst über unsere Beweggründe im Klaren werden und uns vergewissern, daß wir sie nicht beherrschen wollen. Kranke müssen mit ihren Kräften haushalten und neigen dazu, soviel Energie wie möglich von anderen zu absorbieren. Sie sollten den Schlaf nutzen, um neue Kräfte zu sammeln und zu speichern. Kranke, vor allem Kinder, ziehen Energie von denen ab, die sie umgeben. Man kann diesen Energieverlust verhindern, wenn man eine Schale voll Wasser unter das Bett des Patienten stellt. Wenn Sie wollen, können Sie eine Prise Meersalz ins Wasser streuen. Die Schale sollte täglich geleert und ausgespült werden, während der Kranke wach ist, und zwar so, wie Sie das Wasserglas leeren und spülen, das Sie nachts neben sich stellen. Manchmal profitiert auch der Patient von dieser Prozedur. Meist trägt sie dazu bei, Energieverluste bei Angehörigen zu verhindern. Beachten Sie jedoch, daß diese Methode nur der spirituellen Seite dient, die Krankheit des Körpers kann sie nicht heilen. Dazu rufe man einen Arzt.
Mottenkugeln, in den Ecken eines Zimmers verteilt, in dem ein Kranker liegt, sind ebenfalls hilfreich, vor allem, wenn der Patient schon älter ist. Sie beruhigen den Geist und fördern die Ruhe des Körpers. Gleichzeitig erschweren sie das "Energietanken" auf Kosten der übrigen Familienmitglieder. Wenn man die Mottenkugeln mit der Wasserschale unter dem Bett kombiniert, kann dies die Genesung beschleunigen.

Hilfe für Kinder

Alle Kinder machen Veränderungen durch, denn sie leben in beiden Welten - die eine Welt steht im Einklang mit dem natürlichen Teil ihres Selbstes, die andere bemüht sich, Teil der Erwachsenenwelt zu werden.

Manche Kinder haben schreckliche Alpträume, sehen Ungeheuer oder fürchten sich vor dem Zubettgehen. In solchen Fällen kann die mit Wasser gefüllte und mit Meersalz "gewürzte" Schale unter dem Bett eine große Hilfe sein. Wenn sie nicht nützt, kann man in die Ecken des Zimmers Terpentin stellen. Füllen Sie es in vier Gläser und verteilen Sie diese sorgfältig im Raum. Lassen Sie das Terpentin nicht länger als sieben Tage stehen und schütten Sie es dann weg.

Einige Kinder haften zu sehr an den Naturkräften, und manche von ihnen werden mit diesen Elementarkräften so vertraut, daß sie nur noch mit Felsen oder mit Regen-, Feuer- und Erdgeistern sprechen und ihre Spielgefährten und sogar die Eltern vernachlässigen. Ein Mittel dagegen ist, rings um das Bett des Kindes Kopfsalatblätter zu verteilen. Tun Sie es bitte täglich, an sieben aufeinanderfolgenden Abenden. Sobald das Kind morgens aufwacht sammeln Sie den Salat ein und werfen ihn weg. Wenn dieses Ritual beendet ist, sollten Sie in die Ecken des Zimmers Mottenkugeln legen und etwa einen Monat lang eine Schale Meerwasser unter das Bett stellen. Leeren Sie die Schale jeden Morgen, spülen Sie sie aus, und füllen Sie sie jeden Abend erneut mit frischem Wasser. Dieses Ritual führt manchmal zu Spontanheilungen bei Kindern, die lieber mit Stöcken und Steinen spielen als mit anderen Kindern. Kinder, die auf diese Behandlung nicht ansprechen, benötigen fachkundige Hilfe von einem spirituellen Berater.

44

Selbsthilfe

Um erholsamen Schlaf zu finden, ist es gelegentlich ratsam, das Schlafzimmer vor dem Zubettgehen mit Weihrauch auszuräuchern. Das ist besonders dann zu empfehlen, wenn Sie Schwierigkeiten mit Nachbarn, Verwandten oder Freunden haben, die vielleicht ein wenig rachsüchtig sind. Auch wenn Sie soeben eine Liebesaffäre beendet haben, sollten Sie das Schlafzimmer ausräuchern. Dafür eignet sich eine Mischung aus Weihrauch und Benzylalkohol am besten. Dieses Präparat zieht während des Schlafes positive spirituelle Einflüsse an und wehrt negative Einwirkungen ab. Eine genaue Anleitung finden Sie in Kapitel VII.

Die Macht des Gebets

Wenn Sie ruhig schlafen wollen, ohne von den spirituellen Kräften des Universums belästigt zu werden, sollten Sie daran denken, daß das Gebet die beste Lösung für alle grundlegenden Probleme des Lebens auf Erden darstellt. Bittet ein Mensch aufrichtig, daß seine Seele während des Schlafens in die höheren Sphären steigen möge, um dort zu lernen und zu wachsen, wird er die Erfahrung machen, daß ihm die erbetene Weiterentwicklung und der Schutz nach und nach gewährt werden. Ernsthafte Gebete werden immer erhört, und wenn man um etwas betet, was man sich aufrichtig wünscht, wohl wissend, daß der Wunsch im Herzen bereits erfüllt ist, wird die Realität nicht lange auf sich warten lassen.
Eben weil unsere Gebete erhört werden, raten uns Okkultisten, genau zu überlegen, was wir haben wollen, bevor wir beten - es könnte sein, daß wir es bekommen!

Reinigende Bäder

Geschichtliches und Grundsätzliches

In den beiden vorangegangenen Kapiteln haben wir bereits gesehen, daß Bäder sowohl bei der körperlichen als auch bei der spirituellen Reinigung helfen können. Bedeutende religiöse Praktiken liefern den Beweis dafür. Das Bad ist Bestandteil des christlichen Taufrituals; dabei wird der Täufling von der Sünde Adams reingewaschen. Die moslemische Waschung vor dem Gebet ist Ausdruck des Wunsches, im Zustand der Reinheit vor Gott zu treten. Das spirituelle Bad setzt voraus, daß Wasser alles Unerwünschte wegspült, einerlei, ob es sich um physischen Schmutz oder um eine spirituelle Einwirkung handelt.

Die meisten Christen können zwar die Vorstellung von der Taufe als spirituelle Reinigung akzeptieren, aber der Gedanke, man könne sich mit Hilfe eines Bades selbst spirituell reinigen, scheint ihnen Schwierigkeiten zu bereiten. Die christlichen Kirchen haben in den letzten fünfzig Jahren eine Reihe von Veränderungen erlebt, und viele Geistliche messen der Taufe keine magische oder spirituelle Bedeutung mehr bei. Wenn wir anerkennen, daß es ein magisches Reinigungsritual gibt, dann muß Jesu Taufe durch Johannes der Beginn der Initiation gewesen sein, die ihn zum Messias machte.

Die Geschichte von Jesu Initiation wird im Evangelium des Matthäus (3,13 - 4,11) erzählt. Jesus selbst bittet Johannes um die Taufe. Er ist voller Demut, obwohl Johannes ihn als seinen Meister betrachtet. Diese Initiation gleicht in vielem der Einweihung des Apollonius von Tyana und den eleusini-

schen Mysterien. Ein Vergleich der einzelnen Initiationsbe-
richte enthüllt die Natur der Initiation.

Die Initiation verfolgt einen bestimmten Zweck, und die
irdische Inkarnation macht es notwendig, die Einweihung in
jedem Leben von neuem vorzunehmen, ohne Rücksicht auf
die Rituale in vergangenen oder "Astralinitiationen des Geistes" im jetzigen Leben. Zur Initiation gehören immer das
praktische Handeln, der Glaube und eine bestimmte spirituelle Handlung. Da dies alles im Zusammenhang mit einer
Inkarnation auf Erden steht, muß eine Einweihung im Fleische erfolgen, um gültig zu sein. Das mag seltsam erscheinen, da der Eingeweihte manchmal über ganz andere moralische Qualitäten verfügt als derjenige, der dieses Ritual vollzieht.

Wenn wir als Hilfe bei der Spiritualisierung etwas Natürliches verwenden, sind wir im Einklang mit dem Willen Gottes. Alles auf Erden ist geeignet, uns bei den Prozessen zu
helfen, die Voraussetzung für unser spirituelles Wachstum
sind. Das gilt für den Einzelnen wie für die ganze Mensch-
heit. Da der Mensch ein Mikrokosmos des göttlichen Makro-
kosmos ist, muß er, um sein Ziel zu erreichen, die erforderli-
chen äußeren Dinge benutzen und ihren Einfluß seinem eigenen hinzufügen. Dabei gestaltet er sein Schicksal so, wie
Gott es ihm bestimmt hat, obwohl er sich dessen vielleicht
nicht bewußt ist.

Rituelles Baden bedeutet lediglich, daß wir bereit sind, uns
einer Erfahrung auszusetzen, die nicht unmittelbar mit dem
Fleisch zu tun hat. Wir nehmen ein reinigendes Bad und
beten um Befreiung von allen spirituellen (unsichtbaren)
Einwirkungen, die ein unerwünschter Teil unserer Aura sind.
Das Ritual selbst ist ein Ausdruck dafür, daß wir (unabhängig vom Alter) noch offen genug sind, um den Kosmos (oder

Gott) zu bitten, uns bei der Änderung der Eigenschaften zu helfen, die wir für änderungsbedürftig halten. Es schließt unsere Bereitschaft ein, auf unsere innere Stimme - die Stimme der spirituellen Entwicklung - zu hören und auf etwas zu vertrauen, was außerhalb unseres Intellekts liegt. "Wenn ihr nicht umkehrt und werdet wie die Kinder, so werdet ihr nicht ins Himmelreich kommen", sagt Jesus (Matthäus 18,1-6). Das kann bedeuten, daß nur der Unschuldige Vertrauen hat. Mit dem rituellen Bad zeigen wir, daß wir zu vertrauen beginnen.

Wirkung des rituellen Bades

Ein Bad, mit dem wir uns spirituell reinigen oder schützen - oder das einen anderen spirituellen oder religiösen Grund hat -, unterscheidet sich von einem Bad, das den Schmutz des Alltags beseitigen soll. Deshalb beachten Sie bitte, wenn Sie ein spirituelles oder religiöses Bad nehmen, einige Grundregeln: Verwenden Sie weder Seife noch Öl noch andere Badezusätze. Sobald das Bad bereitet ist, beginnt für Sie eine spirituelle Erfahrung, und das Ritual erfordert, daß Sie das Baden des Körpers und das Baden der Seele im Geiste trennen.
Sie können fertige Badezusätze kaufen oder sie selbst zubereiten. Auf den folgenden Seiten wollen wir beschreiben, wie man zu Hause Bäder mit Kräutern oder Nüssen oder mit anderen, in jedem Haushalt vorhandenen Zusätzen bereitet. Die hier beschriebenen Bäder leisten nützliche Dienste bei grundlegenden spirituellen Problemen, mit denen jeder konfrontiert werden kann. Unsere Erörterung ist keineswegs abschließend. Denken Sie daran, Sie sollten kein Bad "komponieren", wenn Sie nicht wissen, was Sie tun. Jedes Rezept setzt bestimmte Energien frei. Es ist Ihre Pflicht, diese Infor-

mationen verantwortungsbewußt zu nutzen. Solange Sie keine Erfahrung und weitergehende Ausbildung haben, sollten Sie sich genau an die Anleitungen halten.

Manche Leute ziehen Fertigbäder vor. Vielleicht finden Sie in Ihrer Nähe einen kleinen Laden, der Weihrauch, Öle und Kerzen verkauft. Hin und wieder sind die Fertigbäder, die Sie in solchen Geschäften erhalten, sehr wirksam. Weiße Bäder haben gewöhnlich die stärksten spirituellen Schwingungen. Bitten Sie den Ladeninhaber, Ihnen ein Bad zu empfehlen, oder suchen Sie sich eines aus, das Sie anspricht. Das beliebteste Fertigbad ist das "Liebesbad" - aber Sie können es auch selbst bereiten!

Einige warnende Worte

Spirituelle Bäder reinigen die Seele und den Geist. Sie helfen, seelische Wunden zu heilen, und sie können die Genesung Ihres wahren Ichs fördern. Spirituelle Bäder heilen jedoch keine körperlichen Krankheiten. Benutzen Sie diese Bäder also nicht, um körperliche Beschwerden loszuwerden. Wenn Ihr Körper krank ist, lassen Sie sich von Ihrem Arzt behandeln.

Bei offenen Wunden aller Art, auch nach chirurgischen Eingriffen, sind Wannenbäder verboten. Nach Operationen sollten Sie die Wunde mindestens zwei Wochen lang nicht mit Wasser in Berührung bringen. Richten Sie sich nach den Anweisungen Ihres Arztes und fragen Sie ihn, wann Sie wieder mit Wannenbädern beginnen dürfen. Auch wenn der Arzt das Baden wieder gestattet, sollten Sie mit spirituellen Bädern noch mindestens zwei weitere Wochen warten.

Bäder können auch kein körperliches Leiden heilen, das einer chirurgischen Behandlung bedarf. Tritt nach einem spirituellen Bad eine Spontanheilung ein, handelt es sich um eine Wunderheilung, die nicht durch das Bad selbst geschehen ist. Manchmal lassen sich spirituelle Ursachen physischer Probleme, wenn noch keine körperlichen Symptome aufgetreten sind, durch eine spirituelle Behandlung beseitigen und ihr Ausbruch als körperliches Leiden verhindern. In ganz seltenen Fällen ist auch eine Heilung möglich, wenn die Krankheit schon ausgebrochen ist, meistens aber ist beim Durchschnittsmenschen eine Heilung ein Wunder und nicht das Ergebnis einer willentlichen Handlung eines Heilers. Es gibt geistige Gesetze, ebenso wie es Gesetze des physikalischen Universums gibt, und die Suche nach körperlicher Heilung durch Heiler ist gewöhnlich Zeit- und Geldverschwendung. Jeder Heiler oder spirituelle Praktiker, der behauptet, er könne Sie von einer bereits ausgebrochenen körperlichen Krankheit heilen, sagt die Unwahrheit. Geben Sie dem Arzt, was des Arztes ist.

Eine vorbeugende Behandlung ist etwas andere,; da wir eine spirituelle "mögliche Ursache" nur behandeln können, bevor sie sich körperlich äußert. Es gibt eine ganze Reihe von Bädern, die die körperliche Heilung fördern sollen, aber ihre Wirkung beruht darauf, daß sie die spirituelle Ursache der Krankheit beseitigen, nämlich jene Einflüsse in der Umwelt des physischen Körpers, die der körperlichen Gesundheit abträglich sind. Sie haben keinerlei Wirkung auf körperliche Zustände.

Wasser

Wasser war schon immer das Symbol des Lebens. Als fließende Lebensessenz hat Wasser die Fähigkeit, uns von jenen spirituellen Blockaden und Schlacken zu befreien, die sich im Laufe unseres Lebens bilden. Die Teilung des Wassers im Ersten Buch Mose enthüllt eine Vorstellung, die bereits zu der Zeit alt war, als dieser Text nach Ansicht von Wissenschaftlern geschrieben wurde. Bereits im alten Babylonien kannte man die zwei Arten des Wassers: EA-AE. Heute sprechen wir von Süßwasser und Salzwasser, und jedes von ihnen wirkt anders. Christen, Juden und Moslems schreiben dem Meerwasser die Fähigkeit zu, alles Übel auf Erden abzuwaschen oder zu absorbieren und das Negative zu entfernen, während uns Süßwasser das gibt, was wir brauchen, um auf Erden leben zu können.

Bäder zur Beseitigung von negativen Einflüssen sollten aus Wasser und Salz bestehen, am besten aus Meerwasser. Für Bäder, die unser irdisches Leben erleichtern oder erhalten sollen, nehmen wir Süßwasser.

Das heilige Wasser der Christen besteht aus geweihtem Salz und geweihtem Wasser. Diese Verbindung soll negative Einflüsse abwehren. Eines der wirksamsten Bäder für einen gläubigen Christen ist ein Bad, dem etwas Weihwasser zugefügt wurde.

Vergessen Sie vor allem nicht, daß ein rituelles Bad nicht dafür gedacht ist, den physischen Schmutz abzuwaschen, der sich im täglichen Leben ansammelt. Wenn Sie ein rituelles Bad nehmen möchten, sollten sie zuerst duschen oder baden, um ihren Körper zu reinigen. Reinigen Sie dann die Wanne. Der Wunsch nach einem rituellen Bad verbindet uns mit der Ebene der Spiritualität, und die Badewanne sollte daher frei von allen Spuren der physischen Welt sein. Um die Wirkung noch zu vergrößern, kann man das ganze Badezimmer saubermachen.

Anschließend bereiten Sie das Bad. Wenn Sie sich für ein Kräuter- oder Nußbad oder für eine der in diesem Kapitel beschriebenen Bäder aus Haushaltsprodukten entscheiden, besorgen Sie sich die benötigten Zutaten. Falls Sie die Badezutaten fertig gekauft haben, brauchen Sie nur das Badezimmer und sich selbst zu säubern.

Füllen Sie die Wanne etwa zur Hälfte mit lauwarmem oder kühlem Wasser. Lassen Sie Wasser einlaufen und gießen Sie die Badezutaten hinzu. Wenn Sie eine fertige Mischung nehmen, spülen Sie die Flasche mindestens zweimal aus. Verwenden Sie einen selbstgemachten Kräutertee, gießen Sie ihn durch ein Teesieb ins Wasser (dadurch verhindern Sie auch, daß Pflanzenreste das Abflußloch verstopfen).

Steigen Sie nackt in die Badewanne und tauchen Sie sofort unter, bis über den Kopf. Auch wenn Ihnen diese Anweisung wie ein Scherz vorkommt, glauben Sie mir: sie ist kein Scherz! Einer der führenden modernen Psychologen hat eingeräumt, er habe in seinem ganzen Leben noch nie nackt gebadet oder geduscht und habe auch nicht die Absicht, es zu tun. Viele Frauen baden nicht nackt, und einige von denen, die es tun, sind noch nie mit dem Kopf im Badewasser untergetaucht. Zu den Grundbedingungen eines spirituellen Bades gehört aber, daß man nackt ist und den Kopf einschließlich der Haare untertaucht.

Wenn Sie wollen, können Sie den Mund mit dem Badewasser ausspülen. Schlucken Sie das Wasser aber nicht. Achten Sie darauf, daß das Badewasser jeden Teil Ihres Körpers benetzt. Wenn Sie möchten, können Sie sich während des Badens mit einem sauberen Waschlappen abreiben. Und denken Sie daran: keine Seife!

Damit das spirituelle Bad seine größte Wirkung entfalten kann, müssen Sie mindestens sechs bis acht Minuten im spirituellen Bad bleiben, bei manchen Bädern sogar noch länger. Vielleicht kommen Ihnen sechs oder acht Minuten lange vor. Stellen Sie sich eine Uhr in Sichtweite, damit Sie die erforderliche Zeit einhalten. Nehmen Sie nur eine mechanische Uhr, keine elektrische! (Vorsicht: Ein ans Stromnetz angeschlossenes Elektrogerät, das ins Badewasser fällt, führt zum Tod!)

Während Sie sich mit dem Wasser begießen oder mit dem Waschlappen einreiben, sollten Sie um die Wirksamkeit des Bades bitten. Fahren Sie damit fort, unterzutauchen und sich abzuwaschen, bis die Badezeit vorüber ist. (Sie können ein sauberes Glas benutzen, um sich zu begießen.) Das Gebet ist wichtig, weil es die Konzentration Ihrer Gedanken auf das, was Sie erreichen wollen, fördert. Lassen Sie Ihre Gedanken nicht wandern.

Wenn Sie die Wanne verlassen, wickeln Sie die Haare in ein Handtuch, ohne sie abzutrocknen. Ziehen Sie einen Bademantel an, um Ihren nassen Körper zu bedecken, aber reiben Sie ihn nicht trocken. Es ist wichtig, daß Ihr Körper an der Luft trocknet. Wenn Ihre Wohnung warm genug ist, können Sie nackt bleiben, bis Sie ganz trocken sind; dann bleibt die Wirkung des Bades an Ihrem Körper länger erhalten. Waschen Sie sich nach dem spirituellen Bad vierundzwanzig Stunden lang nicht die Haare.

Einerlei, ob Sie nach dem Bad eine Veränderung wahrnehmen oder nicht - Sie können sicher sein, daß es gewirkt hat. Die Wirkung tritt auf der spirituellen Ebene des Bewußtseins ein, nicht auf der physischen. Sofern Sie keinen Zugang zur spirituellen Wahrnehmungsebene haben, bemerken Sie vielleicht nur, daß Sie sich nach dem Bad "leichter" fühlen. Skepsis oder Unglaube, ob das Bad wirkt, verringert die Aussicht, daß es hilft.

Weihwasserbad

Dieses Bad ist für gläubige Christen geeignet und fördert die spirituelle Entwicklung. Weihwasser können Sie nur von einem Priester bekommen; zu Hause läßt es sich nicht "herstellen".

Nehmen Sie für ein Bad 170 bis 225 Gramm Weihwasser. Beten Sie während des Bades um spirituelle Reinigung. Bleiben Sie sechs bis acht Minuten in der Wanne. Am Ende des Bades sollten Sie, noch in der Wanne, das Vaterunser beten.

Es ist günstig, wenn Sie nach diesem Bad noch eine Weile allein sein können. Versuchen Sie, die Badezeit so zu planen, daß Sie sich hinterher zurückziehen können und etwa fünfzehn Minuten lang nicht gestört werden. Ist das nicht möglich, bleiben Sie während der Meditationszeit noch im Badezimmer. Selbst wenn Sie keine Zeit oder keine Privatsphäre haben, wirkt das Bad. Gebet und Meditation verstärken allerdings die Wirkung.

Das spirituelle Reinigungsbad

Es gibt unzählige Bäder für die Beseitigung negativer Einflüsse. Sie sind so unterschiedlich wie die Einflüsse, die Sie beseitigen wollen. Ein Bad zur allgemeinen spirituellen Reinigung schadet nicht, wenn Sie sich genau an die Anleitung halten. Es beseitigt oft kleinere spirituelle Probleme.

Bad Nummer eins

Verwenden Sie ein Ein-Liter-Gefäß aus Glas. Mischen Sie darin

1 Tasse Leitungswasser oder Meerwasser
1 Eßlöffel (Haushaltsammoniak) Salmiakgeist
1 Teelöffel Salz

Gießen Sie eine weitere Tasse Wasser dazu. Schütten Sie den Inhalt des Glases in eine halbvolle Badewanne. Baden Sie fünf Minuten lang und tauchen Sie dreimal unter. Beten Sie um Befreiung von negativen Einflüssen. Wenn Ihre Haut nicht gerade extrem empfindlich ist, vertragen Sie das Ammoniak problemlos. Wenn Sie glauben, Ihre Haut sei sehr empfindlich und könnte sich entzünden, verzichten Sie auf dieses Bad.

Bad Nummer zwei

Auch dieses Bad beseitigt negative Einwirkungen aller Art. Es ist ein Tonic für Haut und Haare und wird auch als kosmetisches Bad benutzt. Sie brauchen sich daher keine Sorgen zu machen, wenn Sie eine empfindliche Haut haben, es sei denn, Sie wissen, daß sie auf Essig allergisch reagiert. Mischen Sie

1 Tasse Apfelessig
1 Teelöffel Salz

Gießen Sie diese Mischung in eine halbvolle Badewanne und baden Sie mindestens fünf Minuten lang. Tauchen Sie wenigstens dreimal ganz unter. Beten Sie darum, von allen negativen Energien in Ihrer Umgebung, von einer Sorge oder von einem negativen Einfluß befreit zu werden.

Bad Nummer drei

Dieses Bad dient, mehr als die beiden vorigen, der körperlichen Reinigung und wird regelmäßig von vielen dazu benutzt, hat aber auch eine starke spirituelle Wirkung. Geben Sie eine Vierteltasse Backpulver ins normale Badewasser. Es macht das Badewasser nicht nur angenehmer, sondern kann bei regelmäßiger Anwendung auch Körpergeruch beseitigen, die Aura aufhellen und das allgemeine Wohlbefinden fördern.

Dieses einfache Bad ist besonders beliebt und sehr wirkungsvoll. Ich habe von einer ganze Reihe von Heilungen gehört, die ursprünglich gar nicht bezweckt waren. Dazu gehören abgeheilte Hämorrhoiden, dichteres Haar und die Befreiung von Alpträumen. Da ich der Meinung bin, daß diese Heilungen auf die spirituelle Entwicklung der Betreffenden zurückzuführen sind, kann ich sie nicht dem Bad zuschreiben. Ich glaube, jede Wirkung über eine allmähliche Verbesserung des Wohlbefindens hinaus ist streng genommen eine Nebenwirkung. (Ich muß aber zugeben, daß ich meinen Bädern regelmäßig Backpulver zugebe.)

Lösungen seelischer Spannungen

Auch dieses Bad steht im Ruf, Heilungen zu bewirken. Es wird mit Bittersalz bereitet. Mischen Sie

1/4 Tasse Bittersalz
1 Tasse Backpulver
1 Eßlöffel Salz (Meer- oder Tafelsalz)

Bei diesem Bad sollten Sie keine Seife benutzen. Baden Sie einfach zehn bis zwanzig Minuten lang. Es hilft, körperliche und seelische Spannungen zu lösen und fördert die Heilung körperlicher Beschwerden aller Art.

Kräuterbäder

Kräuterbäder werden mit Kräutertees bereitet, indem man den Tee ins Badewasser schüttet. Nehmen Sie einen Teelöffel des gewünschten Krautes und gießen Sie eine Tasse heißes Wasser darüber. Lassen Sie es ziehen, bis der Tee auf Zimmertemperatur abgekühlt ist. Dann seihen sie das Kraut ab und fahren so fort, wie weiter oben beschrieben (Abschnitt über rituelle Bäder).

Basilikum

Verwenden Sie gewöhnliches Küchenbasilikum, frisch oder getrocknet. Es hat eine schützende und reinigende Wirkung, beseitigt negative Energien und schützt vor der neuerlichen Ansammlung negativer Einflüsse. Sie sollten es anwenden, wenn Sie sich von anderen bedroht fühlen, wenn sie das Opfer negativer oder übermäßig aggressiver Menschen sind oder wenn Sie sich von ihnen beschmutzt fühlen. Beten Sie gleichzeitig um spirituelle Reinheit und spirituellen Schutz. Bleiben Sie sechs Minuten lang im Bad und tauchen Sie viermal unter.

Zimt

Gewöhnlicher Kochzimt in Form von zerbrochenen Stangen kann Ihnen bei der Lösung von Problemen am Arbeitsplatz helfen. Gießen Sie eine Tasse heißes Wasser über eine oder zwei Zimtstangen und lassen Sie sie ziehen (etwa so lange wie einen Kräutertee). Dieses Mittel hilft, Zwist und Streit zu beenden und kann außerdem Ihr Einkommen verbessern. Bleiben Sie fünf Minuten lang in der Wanne und tauchen Sie viermal unter. Beten Sie um Schutz und Ruhe oder um eine Verbesserung Ihrer finanziellen Situation.

Das Geld-Zimt-Bad

Mischen Sie eine Tasse Zimttee und vier Tassen Petersilientee. Teilen Sie die Mischung in fünf gleiche Teile. Nehmen
Sie an fünf aufeinanderfolgenden Tagen jeweils ein Bad.
Beten Sie um ein besseres Einkommen. Lassen Sie die Quelle des höheren Einkommens offen - der Kosmos wird eine
Lösung finden. Bleiben Sie sechs bis acht Minuten lang in
der Badewanne und tauchen Sie fünfmal unter.

Das Zimtbad zur Förderung der Empfängnisfähigkeit

Ein Zimtbad wird auch angewandt, um Paaren zu helfen, die
gerne ein Kind haben möchten. Beide Partner sollten ein
Zimtbad nehmen. Das Bad besteht ganz einfach aus Wasser,
in das Sie eine Tasse Zimttee gießen. Jeder Partner badet
allein und benutzt seine eigene Teetasse. Beide baden am
selben Tag unmittelbar nacheinander. Bleiben Sie sechs bis
acht Minuten im Bad und tauchen Sie siebenmal unter.
Gleich nachdem beide Partner ihr Bad beendet haben, sollten
sie sich lieben. Beten Sie während des Bades um eine gesunde Schwangerschaft und eine problemlose Geburt.

Kaffee

Kaffee unterstützt die Genesung nach einer körperlichen
Krankheit. Dieses Bad ist eine Ausnahme unter den spirituellen Bädern. Ist es das erste Wannenbad nach dem Ausbruch einer Krankheit, können Sie den Kaffee in ein Reinigungsbad mit Seife gießen.

Leeren Sie drei bis sechs Tassen starken Kaffee ins Badewasser und legen Sie sich mindestens zehn bis fünfzehn
Minuten lang hinein. Bitte nehmen Sie das Bad ernst und
machen Sie einen "anständigen" Kaffee. Schnellkaffee wäre
hier fehl am Platze!

Kaffeebad für Streßgeplagte

Ein Kaffeebad - mit drei bis sechs Tassen starkem Kaffee im
Badewasser - ist auch ein gutes Entspannungsbad nach einer
besonders harten Arbeitswoche, da es die natürliche Vitalität
fördert. Sie sollten es am Samstagmorgen nehmen. Bleiben
Sie mindestens acht bis zehn Minuten in der Wanne.

Ysop

Ysop ist das "reinigende Kraut" der Juden. Er wird auch in
der Bibel erwähnt (Psalm 51,7) und ist Bestandteil des jüdi-
schen Rituals (vgl. 2. Moses 12,22). Ein gläubiger Jude, der
sich spirituell reinigen möchte, kann das Kraut einem Mick-
va-Wannenbad zusetzen. Bei christlichen Ritualen spielt es
eine ähnliche Rolle (vgl. Johannes 19,29 und Hebräer 9,19),
hier reinigt es Körper und Geist.
Gießen Sie eine Tasse Ysoptee in eine halbvolle Badewanne.
Bleiben Sie sechs bis acht Minuten im Wasser und tauchen
Sie fünfmal unter. Beten Sie um spirituelle Reinigung und
Erleuchtung.

Muskat

Ein Tee aus Muskatnußpulver bewirkt, daß andere Menschen Ihnen gegenüber aufgeschlossener werden. Man sagt, Muskat bringe Glück, aber in Wirklichkeit beseitigt er die negativen Gedanken, die Ihr Unglück hervorgerufen haben. Muskatnußpulver können Sie mit einem Kaffeefilter abseihen. Das Bad hilft, Streß zu lindern, zum Beispiel vor einem Vorstellungsgespräch oder wenn Sie sich um den Ausgang einer wichtigen Besprechung Sorgen machen. Sie können es anwenden, bevor Sie einem Partner, der bisher nicht auf Ihre Bedürfnisse einging, Ihr Herz ausschütten. Das Bad ist auch nützlich, wenn Sie mit Ihren Angehörigen über Familienprobleme sprechen möchten und befürchten, daß diese nicht sehr zugänglich sein werden. Es gibt eine Fülle von Anwendungsmöglichkeiten. Dieses Bad ist auch besonders geeignet, wenn Sie Schwierigkeiten haben, Ihrer Persönlichkeit Ausdruck zu verleihen. Haben Sie jedoch die anderen hier beschriebenen Bäder bereits genommen und mehr Selbstvertrauen gewonnen, bringt Sie ein Muskatbad nicht mehr weiter.
Gießen Sie eine Tasse Tee ins Bad. Bleiben Sie acht bis zehn Minuten lang in der Wanne und tauchen Sie sechs- bis achtmal unter. Beten Sie um die Entschlossenheit und die Kraft, die Sie zur Erfüllung Ihrer Wünsche brauchen.

Petersilie

Dieses Bad können Sie anwenden, wenn Sie Ihre wirtschaftlichen Verhältnisse verbessern wollen. Wenn Sie Petersilie mit Zimt kombinieren, erhalten Sie ein sehr wirksames Gemisch (vgl. die Ausführungen zu Zimt). Wenn Sie frische Petersilie nehmen, sollten Sie das ganze Bündel verwenden. Kochen oder simmern Sie es fünfzehn bis zwanzig Minuten lang in einem Topf mit einem Liter Wasser. Getrocknete Petersilie ist ebenfalls geeignet; in Verbindung mit Zimt ist sie wahrscheinlich sogar wirksamer.

Petersilie und Honig

Dies ist ein Bad für Frauen, die keine Freude am Leben haben. Einem Mann hilft es, übermäßige Härte gegen sich selbst abzubauen. Rühren Sie einen Eßlöffel Honig in eine Tasse Petersilientee und gießen Sie die Flüssigkeit ins Badewasser. Bleiben Sie sechs bis acht Minuten in der Wanne und tauchen Sie fünfmal unter. Da Sie mit diesem Bad unangenehme spirituelle Zustände beseitigen wollen, sollten Sie um ein besseres Leben beten. Manche Leute mögen der Ansicht sein, dies sei ein unötiges spirituelles Bad. Aber dem ist nicht so. Viele Menschen haben am Leben wenig Freude; diese negative Energie hindert Sie an Ihrer spirituellen Entwicklung.

Raute

Die Raute ist wie der Ysop kein Küchenkraut. Sie ist es aber wert, hier besprochen zu werden. In der christlichen Religion ist die Raute das "Kraut der Gnade". Ein Rautenbad kann dazu beitragen, religiöse Verwirrung zu beseitigen und den richtigen Weg zu finden.
Auch dieses Bad sollte man nicht geringschätzen. Viele junge Menschen von heute versuchen, ihr geistliches Erbe aufzugeben und vergessen dabei, daß wir aus einem bestimmten Grund in eine bestimmte Religion hineingeboren werden.

Die meisten Mitglieder einer Religionsgemeinschaft wissen nichts über die Philosophie oder das Ritual ihrer Familienreligion. Erst wenn wir die Symbolik der Religion verstanden haben, können wir die Entscheidung treffen, dieses Erbe aufzugeben; andernfalls wird es zurückkehren und sein Recht fordern. Dieses Bad kann Sie erleuchten und Ihnen helfen, den richtigen Weg zu finden.

Gießen Sie eine Tasse Tee in eine halbvolle Wanne. Bleiben Sie mindestens acht Minuten im Bad und tauchen Sie fünfmal unter. Beten Sie um Klarheit für "ihren" spirituellen Pfad und um spirituelle Reinigung.

Raute und Ysop

Beide Kräuter, einzeln verwendet, sind für Menschen geeignet, die sich mit dem Gedanken tragen, die ihnen von Kindheit anvertraute Religion aufzugeben. Wir wählen die Religion, in die wir hineingeboren werden, nicht ohne Grund aus. Es ist daher töricht, sich von ihr zu trennen, bevor man seine Lektion gemeistert, und genauso töricht, sich nicht von ihr zu trennen, wenn man seine Lektion gelernt hat. Wer seine Religion aufgeben möchte, sollte dies anständig und ohne jeden Groll tun, und vor allem sollte er weder gegen die Religion noch gegen diejenigen, die sie predigen oder praktizieren, negative Gefühle oder Bitterkeit empfinden. Wer diesen Bewußtseinszustand noch nicht erreicht hat, für den ist die Religion noch eine Lehraufgabe. Wenn dies für Sie zutrifft, können Rauten- oder Ysopbäder Ihr Vertrauen stärken. Ein Austritt aus der Kirche ist immer eine ernste Angelegenheit, und wer konvertieren will, sollte sich selbst gründlich prüfen, ehe er es tut. Diese Bäder sind für jene sehr hilfreich, deren Platz in einer bestimmten Religionsgemeinschaft ist.

Oft hat sich derjenige, der die Religion seiner Kindheit aufgeben möchte, noch nicht so vollständig von ihr gelöst, wie
er glaubt. Wie stark die Religon und die religiöse Erziehung
oft noch sind, sehen wir bei Menschen, die unter starkem
Streß stehen. Wer krank wird, kehrt zu Gott zurück, und
manch einer, der nach dem Tod eines Angehörigen von
Schuldgefühlen und Kummer geplagt wird, erinnert sich an
die religiöse Erziehung seiner Kindheit. So ist es nicht ungewöhnlich, daß ein Baptist, der in Manhattan lebt, zum Budd-
hismus übertritt und nach dem unerwarteten Tod seiner Frau
die Worte spricht: "Jetzt ruht sie in Jesu Armen." Es ist uns
selten bewußt, wie unfrei wir sind. Wenn wir an unserer
Befreiung arbeiten wollen, können uns Rauten- und Ysopbäder dabei helfen.

Salbei

Wenn Sie gewöhnlichen Küchensalbei (entweder Salbeiblät-
ter oder -pulver) ins Badewasser geben, erzielen Sie eine ein-
zigartige Wirkung: Salbei hilft Ihnen, wahre Weisheit zu
erlangen. Wer diesen Seinszustand erreichen möchte, sollte
dieses Bad jeden Donnerstagmorgen bei Sonnenaufgang
nehmen und sich die Ereignisse der Woche und seine Reak-
tionen darauf noch einmal vergegenwärtigen. Neunmaliges
Untertauchen und ein Verbleib von mindestens neun Minuten in der Wanne sind üblich. Meiner Erfahrung nach hilft
dieses Bad, Illusionen zu zerstören - und genau das ist die
Basis für Weisheit!

Bäder mit Haushaltsartikeln

Natürlich können Sie noch viele andere Kräuter zum Baden verwenden, aber es ist nicht ratsam, mit ihnen zu experimentieren, da Sie nicht wissen, was Sie damit anrichten. Zwei ganz normale Küchenkräuter können, gemeinsam verwendet, eine zerstörerische Wirkung entfalten. Verzichten Sie also auf Experimente. Wir lachen, wenn uns jemand ermahnt: "Die Natur läßt nicht mit sich spaßen", aber hier ist die Warnung berechtigt.

Es gibt jedoch einige Bäder, die Sie zu Hause mit ganz gewöhnlichen Haushaltsartikeln bereiten können und die Ihnen bei alltäglichen Problemen helfen.

Bäder mit Backpulver

Bevor die Abtreibung legalisiert wurde, war ein offizieller klinischer Eingriff eine seltene Möglichkeit, um eine unerwünschte Schwangerschaft zu beenden. Mädchen aus guter Familie gingen zum Hausarzt; arme Mädchen zur Engelmacherin; ehrbare Mädchen aus der Mittelschicht zum Pfuscher im Hinterhof, der sie für den Rest ihres Lebens verstümmelte. Vor Jahren wurden Abtreibungen zu Hause vorgenommen, und man beendete unerwünschte Schwangerschaften mit Hilfe von Kräutern wie Raute und Polei (Flohkraut) oder mit dem alten Hausmittel, das wir als Bittersalz kennen. Heute ist die Abtreibung eine umstrittene Angelegenheit, die wir hier nicht erörtern wollen. Wir befassen uns mit den Spätfolgen der Abtreibung, einerlei, wie der Eingriff erfolgt ist.

Jede Abtreibung (auch wenn sie mit Kräutern oder volkstümlichen Arzneien herbeigeführt wurde) beeinflußt das spirituelle Selbst negativ, und es dauert eine gewisse Zeit, bis sich dieser Zustand bessert. Man kann die Folgen der Abtreibung mildern, wenn man ein Pfund Backpulver ins Badewasser mischt. Nehmen Sie dieses Bad dreimal am ersten Tag, dann eine Woche lang täglich. Allerdings sollten Sie erst zwei Wochen nach dem Eingriff damit beginnen. Dieses Bad ist auch nach einer Fehlgeburt gut, da es entspannend wirkt. Nehmen Sie nach diesen Bädern ein Basilikumbad.

Bäder, die die Genesung fördern, beseitigen die Ursache des Problems auf der spirituellen Ebene, und daher hat jedes spirituelle Bad auch einen gewissen Nutzen für den Körper. Da die Reinigung aber auf der spirituellen Ebene erfolgt, bevor die körperliche Wirkung sichtbar wird, ist der Heilungsprozeß zunächst nicht ohne weiteres erkennbar. Frauen, die zur Geburtenkontrolle Bittersalz oder Kräuter benutzen oder eine legale Abtreibung vornehmen lassen, handeln mißbräuchlich. Wenn eine Frau viele Abtreibungen hinter sich hat, benötigt sie möglicherweise mehrere Serien von Bädern, um ihr ursprüngliches spirituelles Selbst wiederzuerlangen.

Das blaue Bad

Bläupulver, mit dem man Wäsche blaufärbt, hat auch eine revitalisierende Wirkung und eignet sich besonders gut zur Heilung eines Sonnenbrands.

Leeren Sie einen halben Teelöffel Pulver oder einen Teelöffel einer Bläuflüssigkeit in eine volle Badewanne und entspannen Sie sich in diesem Bad zehn bis fünfzehn Minuten lang. Wenn Sie nach einem zu ausgiebigen Sonnenbad sehr müde oder erschöpft sind, können Sie dieses Bad an zwei aufeinanderfolgenden Tagen nehmen. Wenn Sie sich kraftlos fühlen, tritt ein oder zwei Tage nach einem Blaubad eine Mobilisierung Ihrer Kräfte ein.

Der aktive Bestandteil dieses Bades ist Indigo. Das Bad wirkt aber auch, wenn man einen blauen Lebensmittelfarbstoff verwendet. Entscheidend ist die Farbe Blau.

Nelkenbad

Eines der besten Reinigungsbäder ist das Nelkenbad. Streuen Sie die Blüten von sieben weißen Nelken in eine halbvolle Wanne. Setzen Sie sich in die Wanne und reiben Sie sich von oben bis unten mit den Blüten ab (die Blüten fallen dabei auseinander). Dieses Bad reinigt Ihre Aura und absorbiert negative Einflüsse.

Wenn Sie die negative Energie wegspülen, sollten Sie auf den Abfluß der Badewanne ein Sieb legen, um Blüten und Blätter abzufangen. Werfen Sie die Reste nach dem Bad auf den Müll.

Das Bad ist zeitlich nicht begrenzt. Untertauchen brauchen Sie auch nicht, da Sie die negative Energie mit den Blüten abwaschen. Während des Bades können Sie sich auf die spirituelle Reinigung konzentrieren und darum beten.

Liebesbäder

Die beliebtesten Fertigbäder sind Liebesbäder! Wir lachen vielleicht über Leute, die sie kaufen, aber wir sollten nicht vergessen, daß die Liebe eines der wichtigsten Gefühle auf Erden ist und bedeutsam; daß wir Mühe haben, sie auszudrücken, und daß es sich lohnt, alles zu beseitigen, was unsere Fähigkeit zu lieben hemmt. Das macht uns glücklicher und liebenswerter. Wenn wir mit uns selbst im Reinen sind,

66

können wir uns auf viel gesündere Weise spirituell weiter-
entwickeln. Wir alle kennen religiöse Fanatiker und sogenannte "Spiritualisten", die kalt und gefühllos sind. Sie sind
der lebendige Widerspruch zu dem, was sie predigen.

Das Schafgarben-Liebesbad

Eines der wirksamsten Liebesbäder läßt sich leicht zu Hause
bereiten - mit Schafgarbenblättern. Sie brauchen dafür Pflanzen, die in der Nähe Ihrer Wohnung wachsen, oder die Sie
auf dem Fensterbrett oder im Garten ziehen, da sie kurz nach
Beginn der Neumondphase gepflückt werden müssen. Legen
Sie die frischen Schafgarbenblätter (etwa eine Tasse voll) in
ein sauberes irdenes Einlitergefäß mit Deckel. Füllen Sie das
Gefäß mit Wasser auf, verschließen Sie es und stellen Sie es
eine Woche lang in den Kühlschrank. Verwenden Sie für das
Bad nur den Sud (nicht die Blätter), und nehmen Sie Ihr Bad
am Freitagvormittag vor zwölf Uhr mittags. Werfen Sie die
Blätter weg. Dieses Bad wirkt sehr subtil. Es läßt den Kosmos wissen, daß Sie für die Liebe bereit sind.
Bleiben Sie sechs bis acht Minuten lang in der Wanne und
tauchen Sie sechsmal unter. Beten Sie während des Bades
um einen Menschen, der Sie liebt und den Sie lieben können.
Vielleicht sollten Sie danach streben, jemanden zu lieben,
den Sie bereits gern haben. Überlegen Sie sich genau,
worum Sie bitten - Sie könnten es bekommen!

Petersilie und Honig

Dieses Bad wurde bereits im Kapitel über das Petersilienbad
beschrieben. Sie können es benutzen, um einen geliebten
Menschen anzulocken oder um Ihre Finanzen aufzubessern.

Wenn Sie ein Liebesbad nehmen, müssen Sie während des Bades ein Gebet sprechen. Bleiben Sie sechs bis acht Minuten im Wasser und tauchen Sie sechsmal unter.

Nüsse

Einige Nußarten lassen sich für Bäder verwenden. Das Verfahren ist anders als bei Kräuterbädern:
Kochen Sie einige Nüsse längere Zeit in einem gusseisernen Topf. Gießen Sie hin und wieder frisches Wasser nach, so daß nach dem Kochen etwa ein Liter Flüssigkeit übrig bleibt. Kochen Sie die Nüsse nur in einem Eisentopf. Töpfe aus anderem Material bewirken das Gegenteil von dem, was Sie wollen. Auch Aluminiumgefäße sind weder für Nuß- noch Kräuterbäder geeignet. Aluminium ist kein natürliches Metall, sondern wird aus Aluminiumoxyderz hergestellt und harmonisiert nicht mit der Art der Pflanzen oder Kräuter, die Sie anwenden möchten. Im allgemeinen ist es besser, Geschirr aus Eisen oder Edelstahl zu benutzen. Das ist ein wichtiger Punkt, den Sie bei der Vorbereitung eines Bades beachten sollten.

Walnußbad

Dieses Bad ist ein Reinigungsbad. Es ist vor allem hilfreich, wenn Sie eine Liebesbeziehung oder den Kontakt zu einem anderen Menschen beenden möchten. Ein Walnußbad lockert diese Beziehungen. Sie sollten ganz sicher sein, daß Sie die Beziehung abbrechen wollen, bevor Sie mit diesem Bad eine Dummheit begehen; danach gibt es kein Zurück mehr. Vielleicht führen Sie die Trennung nur ein einziges Mal auf diese Weise herbei. Manch einer gibt eine Bezie-

68

hung auf und möchte später, nachdem er nichts "Besseres" gefunden hat, alles wieder rückgängig machen - aber dann ist es zu spät. Wer spirituelle Bäder nimmt, ist für sein Handeln selbst verantwortlich!

Kochen Sie sechs Walnüsse (ohne Schale) etwa drei Stunden lang in einem eisernen Topf. Beginnen Sie mit einem Liter Wasser und gießen Sie während des Kochens Wasser nach. Die heiße schwarze Flüssigkeit, die Sie gebraut haben, schütten Sie bitte nach dem Abkühlen in eine halbvolle Badewanne. Baden Sie acht Minuten lang und tauchen Sie siebenmal unter. Beten Sie um das Ende der Beziehung.

Mandelbad

Wenn Sie ein liebevollerer Mensch werden möchten, können Sie versuchen, Ihre Liebesfähigkeit durch ein Mandelbad zu stärken. Sie sollten imstande sein, Liebe zu geben und zu empfangen. Liebe darf nicht mit Sex verwechselt werden, denn Sex ist auch ohne Liebe möglich.

Kochen Sie sechs ganze Mandeln (ohne Schale) in einem Eisentopf, so wie Sie es mit den Walnüssen getan haben. Baden Sie sechs Minuten lang und tauchen Sie pro Minute einmal unter, insgesamt also sechsmal. Beten Sie darum, daß Sie sich für die Liebe öffnen und daß Sie andere mehr lieben können, selbst diejenigen, die Ihnen mit Haß antworten.

Haselnußbad

Haselnüsse bringen Weisheit, und dieses Bad wirkt seelisch anregend. Wichtiger noch - es hält Ihren Seelenkörper einige Tage lang sauber. Sie können dieses Bad bei den folgenden Beschwerden oder Problemen anwenden: Depressionen,

Konzentrationsstörungen, Mangel an geistiger Klarheit, ungewöhnliche Schwierigkeiten beim Sprechen oder bei der Kommunikation mit anderen.

Das Bad wird wie das Walnußbad zubereitet. Nehmen Sie neun ganze Haselnußkerne, baden Sie neun Minuten lang und tauchen Sie neunmal unter. Wie Sie vielleicht wissen, ist neun die Zahl der Weisheit. Beten Sie um größere geistige Klarheit oder um die Lösung Ihrer Probleme.

Pecanußbad

Pecanüsse helfen manchmal bei der Lösung finanzieller Schwierigkeiten. Wenn Sie sie gerne essen oder sie als Delikatesse betrachten, sollten Sie sie jedoch nicht für ein Bad verwenden. Das ist ein "heikles" Bad - manchem wird es nützen, bei anderen kann es negative Folgen haben. Wenn Sie keine Pecanüsse essen und dieses Bad ausprobieren möchten, bereiten Sie es so zu wie die anderen Bäder, allerdings sollten Sie zum Kochen einen Topf aus Kupfer verwenden.

Kupfer gilt als Metall der Venus, und Venus ist die Göttin der Schönheit. Wohlstand ist die Voraussetzung, um in schöner und angenehmer Umgebung zu leben; das ist der Grund, warum wir hier Kupfer nehmen.

Kochen Sie sechs Pecanüsse mehrere Stunden lang. Baden Sie neun Minuten und tauchen Sie viermal unter. Beten Sie um größeren Wohlstand, um ein höheres Einkommen oder um eine Veränderung Ihrer finanziellen Situation. Lassen Sie die Quelle des Wohlstandes offen, denn der Kosmos kennt bessere Wege als Sie.

Reinigen mit Wasser

Wir sind jetzt bereits ein wenig mit dem Wasser vertraut und wissen, wie man es für spirituelle Zwecke nutzt. Nun wollen wir uns damit beschäftigen, wie man Wasser in seinem natürlichen Zustand für die spirituelle Reinigung verwenden kann. Für Wasser gibt es eine Menge Anwendungsmöglichkeiten, und, mit Kräutern oder anderen Zusätzen gemischt, ist es ein sehr gutes Reinigungsmittel. Wasser ist schließlich der wichtigste Bestandteil aller Lebewesen auf der Erde!

Nach der Lehre mehrerer Religionsgemeinschaften sagte Gott zu König Salomon*, er habe das Meer geschaffen, damit es alles Böse absorbiere und unschädlich mache. Aus diesem Grund bannte der edle weise Monarch zehntausend böse Geister in eine Anzahl von Flaschen und versenkte sie im Meer, um das Leiden der Menschen zu lindern.

An der Küste des östlichen Mittelmeeres erzählt man immer noch viele Geschichten über Fischer, die eine dieser uralten Flaschen heraufgeholt und mit den Flaschengeistern, durch das Öffnen der Gefäße aus ihrer Gefangenschaft befreit, erstaunliche Abenteuer erlebt haben.

Meerwasser ist eine mächtige Substanz. Es zieht negative Einflüsse an und absorbiert sie. Süßwasser ist für diesen Zweck ebenfalls geeignet. Alles Süßwasser fällt vom Himmel auf die Erde und macht auf seinem Weg in den Ozean auf der Erde nur "Zwischenstation". Wenn Sie Süßwasser zum Reinigen nehmen, brauchen Sie ihm lediglich (durch ein Gebet) zu befehlen, auf seiner Reise ins Meer alles Negative mitzunehmen. Wenn es Unterschiede und Gemeinsamkeiten zwischen den Wirkungen des Süßwassers und des Meerwassers gibt, stellt sich die Frage, ob auch andere Arten von Wasser in ihrer Wirkung unterschiedlich sind. Menschen, die ihre intuitiven Fähigkeiten entwickelt haben, versichern uns, daß es tatsächlich Unterschiede gibt: Jede Art Wasser hat ihre spezielle Funktion und somit ihren eigenen Platz im Kosmos. Wir werden im folgenden die verschiedenen Arten des Wassers besprechen und darlegen, wie man sie zur spirituellen Reinigung nutzen kann.

Weihwasser

Dieses Wasser wird von einem ordinierten römisch-katholischen oder episkopalen Priester geweiht. Er reinigt gewöhnliches Tafelsalz durch ein exorzistisches Gebet von allen denkbaren negativen Einflüssen und bittet dann Gott, es zu segnen. Dadurch wird es zu geweihtem Salz. Auf ähnliche Weise exorziert der Geistliche normales Leitungswasser, streut das Salz hinein, segnet das Wasser und betet darüber. Sobald das Wasser geweiht ist, sollte es mit Respekt behandelt werden.

Mancher möchte Weihwasser selbst "herstellen"; aber das ist nicht zu empfehlen. Es mag noch angehen, wenn kein Weihwasser erhältlich ist oder wenn der örtliche Priester nicht an seine Wirkung glaubt. Diesen Akt darf nur vollziehen, wer einen starken Glauben an die Weihehandlung hat und die Religion, die von Jesus Christus symbolisiert wird, mit Hingabe praktiziert. Ein Ritual für die Weihe ist in Dion Fortunes Buch "Selbstverteidigung mit PSI" beschrieben.

Die meisten protestantischen Christen glauben weder an das Weihwasser noch an seine Wirkung. Aus diesem Grund sind gläubige Protestanten nicht imstande, die Weihe zu vollziehen. Wenn ein praktizierender Christ nicht völlig davon überzeugt ist, daß er das moralische Recht hat, Wasser zu weihen, sollte er sich sein Weihwasser lieber in einer römisch-katholischen Kirche besorgen.

Weihwasser hat soviel göttliche Heilkraft, wie der Priester ihm zu geben vermag. Wenn eine Wohnung damit besprengt wird, verbessert es ihre Schwingungen und macht aus der Wohnung einen Ort, an dem es sich angenehmer leben läßt.

Ein Bad erhöht auch die Schwingungen des aufrichtigen Gläubigen. Oder man kann es anwenden, um sich in einem täglichen Ritual selbst zu segnen; in dieser gestärkten seelischen Verfassung sieht man den Ereignissen des Tages gelassener entgegen.

Sie können ein kleines Fläschchen Weihwasser bei sich tragen - als Amulett gegen negative Einflüsse. Stecken Sie es in eine Tasche oder in die Geldbörse. Beten Sie und segnen Sie sich mit dem Wasser aus dem Fläschchen, wann immer Sie wollen. Sie können Weihwasser auch aufs Essen sprenkeln, um ihm göttlichen Segen zu spenden.

Meerwasser

Als Meerwasser wird das Salzwasser aus den Ozeanen der Welt bezeichnet. Es ist meist nur an der Küste erhältlich, selten im Landesinneren. Manchmal findet man es im Reformhaus.

Aber der Weg zur Küste, um Meerwasser zu sammeln lohnt sich - am besten bei beginnender Flut, nicht bei Ebbe, da es während der Flut sauberer ist. Bei mildem Wetter kann man gleichzeitig im Meer baden und sich der positiven Wirkungen des Salzwassers zunutze machen. Das Schwimmen im Ozean hat allein schon eine reinigende Wirkung, und wer nahe genug am Meer lebt, sollte diesen Vorteil nutzen.

Wie bereits erwähnt, kann Meerwasser negative Schwingungen absorbieren, und jeder kann es für diesen Zweck verwenden - im Badewasser, als Bestandteil eines Haushaltsreinigers oder zum Einweichen. Schon bevor König Salomon die zehntausend bösen Geister ins Meer verbannte, war der Ozean der Schuttabladeplatz für alle möglichen negativen Energien, die man loswerden wollte.

Für Meerwasser gibt es viele Anwendungsmöglichkeiten. Sie können zum Beispiel die Wände Ihrer Wohnung damit reinigen. Nehmen Sie einen Schwamm, tauchen Sie ihn ins Meerwasser und drücken Sie ihn aus, bis er nur noch feucht ist. Dann fahren Sie damit über die Wände und beseitigen die negativen Schwingungen. Sie werden merken, daß die Räume heller werden. Teppiche können Sie auf die gleiche Art abreiben. Holzmöbel wischen Sie am besten mit einem feuchten Schwamm ab. Das ist besonders empfehlenswert, wenn Sie gebrauchte Möbel kaufen; dadurch entfernen Sie alle "Schwingungen", die frühere Besitzer (und ihre Probleme) zurückgelassen haben. Sie können auch eine Tasse Meerwasser in einen mit Leitungswasser gefüllten Zwölfliter-Putzeimer gießen - diese Mischung eignet sich ausgezeichnet zum Schrubben und Abwaschen. Wenn Sie unangenehme Schwingungen oder "Spuren" unerwünschter Gäste und Ihre Erinnerung an sie beseitigen möchten, befeuchten Sie damit den Fußboden und verteilen Sie die Lösung mit dem Mop. Diese Flüssigkeit ist ein hervorragendes Reinigungsmittel, wenn Sie Besuch von Leuten gehabt haben, die geistig ein wenig verwirrt sind. Selbst Menschen, die wir lieben, können manchmal durcheinander, aufgeregt, gereizt oder deprimiert sein. Doch warum sollten wir uns mit den Schwingungen abfinden, die sie zurücklassen?

Meerwasser hilft uns, negative Energien leichter loszuwerden. Wenn Sie zum Beispiel eine spirituelles Bad nehmen wollen, um sich von einer bestimmten Angewohnheit zu befreien oder einem bestimmten seelischen Zustand ein Ende zu machen, trägt Meerwasser im Badewasser dazu bei, den Widerstand gegen das Bad zu verringern, denn selbst wenn wir unsere Probleme lösen möchten, sperren wir uns oft gegen die Mittel, die uns dabei helfen. Meerwasser verstärkt die Kraft des Reinigungsbades, so daß es seinen Zweck besser erfüllt. Auch die Wirkung von Parfüm und anderen Substanzen wird durch einen Spritzer Meerwasser verstärkt.

Flußwasser

Das Wasser des Meeres ist salzig. Flüsse, Bäche und Seen enthalten Süßwasser. Während das Meer in sich selbst ruht, hat Süßwasser immer eine Verbindung zum Land, das es festhält und seine Ufer bestimmt. Süßwasser kann sich der Umarmung des Landes nur dadurch entziehen, daß es sich ins Meer verliert.

Flußwasser ist häufig eine Quelle für Trinkwasser. Selbst wenn es gefiltert und gereinigt wurde, ist es immer noch Flußwasser. Wenn Sie in einer Gegend leben, wo Trinkwasser einem Fluß entnommen wird, sollten Sie einmal daran denken, daß auch aus Ihrem Wasserhahn ein unaufhörlicher Strom fließt. Flußwasser enthält die Kraft des unaufhörlichen Fließens, die wir nutzen können, um negative Schwingungen von Menschen oder Häusern abzuwaschen. Das Wasser trägt die negative Energie ins Meer, wo sie absorbiert und im Laufe der Zeit umgewandelt wird. Indem wir, während wir es verwenden, über dem Wasser beten, teilen wir ihm mit, was wir uns von ihm erhoffen.

Flußwasser wird so ähnlich wie Meerwasser angewendet. In

der spirituellen Praxis unterscheidet man oft zwischen den beiden Arten, aber das braucht Sie nicht zu stören, wenn Sie das Wasser für Ihre eigenen Zwecke verwenden.

Seewasser

Wasser aus Binnenseen ist Süßwasser in seiner stabilsten Form. Im Gegensatz zum Flußwasser fließt es nicht, aber selbst die kleinsten Seen sind wie die Ozeane den Gezeiten unterworfen.

Der See ist das Produkt des Flusses, der sich in ihm ergießt. Seen, die von einer Quelle gespeist werden - entweder von einer Quelle, die einen Fluß hervorbringt, oder von einer Quelle unter dem See -, nennt man stille Seen. Der See hat empfangende und bewahrende Kräfte und Seewasser wie Meerwasser absorbierende Eigenschaften. Wie das Flußwasser drängt es nach der Vereinigung mit dem Ozean. Seewasser ist für ein Ritual nicht annähernd so wirksam wie Fluß- oder Meerwasser. Seine bewahrenden Kräfte verhindern die Beseitigung negativer Energie.

Quellwasser

Quellwasser hat die Fähigkeit zu durchdringen. Es "sucht das Licht", indem es aus der Tiefe nach oben strebt. Da Quellwasser in Supermärkten verkauft wird, ist es ein ausgezeichneter Badezusatz, wenn Sie Ihre spirituelle Entwicklung fördern möchten. Von allen Wasserarten hat Quellwasser die männlichste Ausstrahlung, da es "eindringen" kann.

Destilliertes Wasser

Destilliertes (de-ionisiertes) Wasser ist leblos. Da es keine Schwingung hat, sollte man es nicht für spirituelle Zwecke verwenden. Destilliertes Wasser eignet sich am besten für Autobatterien und Dampfbügeleisen, aber nicht für Ihr spirituelles Bad!

Regenwasser

Da Regenwasser unterschiedliche Schwingungen hat, ist die Anwendung schwierig. Sie sollten bei allen spirituellen Ritualen darauf verzichten, es sei denn, ein spiritueller Praktiker hat Ihnen dazu geraten. Sobald das Regenwasser in einen See, in einen Fluß oder ins Meer fällt, nimmt es die Schwingungen des größeren Gewässers an und wird zu gewöhnlichem Wasser.

Wasser und Kräuter zum Reinigen

Nachdem wir die verschiedenen Wasserarten besprochen haben, wollen wir nunmehr untersuchen, wie wir sie nutzbringend anwenden können. Das Besprengen der Wohnung mit Weihwasser haben wir bereits erwähnt; es dient der Vertreibung negativer Kräfte. Es gibt eine ganze Reihe von anderen Mischungen, die Sie zu Hause herstellen und bei Bedarf anwenden können.

Wenn Sie Ihre Wohnung besprengen möchten, sollten Sie Quell- oder Flußwasser nehmen, zum Beispiel Quellwasser in Flaschen aus dem Supermarkt. Für das Sprengwasser können Sie alle bereits genannten Kräuter verwenden. Leeren

Sie das frische Kraut (etwa eine Tasse voll) in einen irdenen Einliterkrug. Übergießen Sie es mit zwei Tassen Quellwasser, verschließen Sie das Gefäß und lassen Sie es ungefähr eine Woche lang im Kühlschrank stehen. Danach können Sie damit Fußböden und Wände besprengen - oder irgendetwas anderes, was Sie reinigen möchten. Als Bestandteil des Sprengwassers haben die Kräuter folgende Wirkungen:
Basilikum: Reinigt und schützt gegen negative Kräfte.
Ysop: Reinigt Schwingungen und macht einen Ort spirituell ruhig.
Minze: Ihre Schwingung regt den Geist an. Sie eignet sich daher gut, wenn man ein Haus verkaufen will.
Petersilie: Beruhigt und schützt. Ihre Schwingung wirkt sich günstiger auf die Frau des Hauses aus als auf den Mann.
Raute: Sie hat eine spiritualisierende und beruhigende Schwingung und kann "Gnade" in ein Haus bringen. Wenn Sie vor dem Besprengen beten, wird die Raute ihre schützende Wirkung entfalten.
Salbei: Fördert die geistige Klarheit und damit die Lösung von Problemen.
Schafgarbe: Ihre Schwingung verstärkt die Liebe der Menschen an dem Ort, der besprengt wird.
Alle diese Kräuter kann man meist frisch ernten. Als Bestandteil des Sprengwassers müssen sie frisch sein. Experimentieren Sie nicht mit Kräutern, denn das Besprengen erzeugt andere Schwingungen als ein Bad. Selbst wenn Sie ein Kräuterbad als angenehm empfinden, heißt das noch nicht, daß Sie sich in einer Wohnung wohlfühlen, nur weil Sie dort das gleiche Kraut versprüht haben.
Wenn Sie noch nie ein Haus oder eine Wohnung besprengt haben, sollten Sie folgende Regeln beachten: Nehmen Sie den Deckel von Ihrem Krug mit der Flüssigkeit und tauchen

Sie die Hand hinein. Spritzen Sie das Wasser an die Wände und auf den Fußboden. Wenn die Hand trocken wird, tauchen Sie sie wieder ins Wasser. Beten Sie während des Besprengens darum, daß die spirituellen Kräfte Ihnen geben, was Sie sich wünschen (das richtet sich nach dem Kraut, das Sie ausgewählt haben). Wer vor dem Bügeln die Wäsche besprengt, weiß, was ich meine. Oder denken Sie daran, wie Sie im Schwimmbad andere naß gespritzt haben. Es ist wirklich ganz einfach. Sie brauchen weder Ihr Haus zu ersäufen noch ihre Wohnung mit Wasserflecken zu verunstalten.

Spezielle Wasserbäder

Sie können die einzelnen Wasserarten auch zum Baden verwenden. Quellwasser im Badewasser verstärkt die aktive Spiritualität.

Stellen Sie eine saubere Schale ins Badezimmer. Füllen Sie die Wanne halb mit Wasser und gießen Sie fünfzehn bis dreißig Liter Quellwasser nach. Steigen Sie in die Wanne und tauchen Sie sofort ganz unter. Reiben Sie dann den Körper von Kopf bis Fuß mit Rosenblüten ab. Beginnen Sie an den Füßen. Stehen Sie nach dem Abreiben in der Wanne auf und gießen Sie sich vier volle Schalen Wasser über den Kopf. Tauchen Sie danach nicht mehr unter, sondern steigen Sie aus der Wanne. Selbstverständlich sollten Sie während Ihres gesamten Aufenthalts im Bad um spirituelle Erleuchtung beten.

Quellwasser als Reinigungsmittel

Sie können einen ausgezeichneten Fußbodenreiniger herstellen, indem Sie ein Dutzend weiße Eierschalen zu feinem Pulver stampfen und in vier Liter Quellwasser schütten. Wenn Sie mit dieser Flüssigkeit nach einer gründlichen spirituellen Reinigung den Fußboden abwischen, wird die Ansammlung negativer spiritueller Kräfte verhindert. Zuvor sollten Sie den Raum ganz normal von Schmutz befreien und dann mit dem Mop den Boden schrubben, um die spirituelle Reinigung zu unterstützen. Das Wasser mit den Eierschalen sollte zum abschließenden Säubern verwendet werden.

Reinigen mit Eiern

Das Ei ist das Symbol des werdenden Lebens, des Wachstums und der Entwicklung. Es symbolisiert den Zustand der Reinheit, der potentiell göttliches Leben hervorbringen kann. Die Geburt ist der Eintritt in die materielle Welt, und die Ei-Symbolik drückt aus, daß die Geburt noch nicht stattgefunden hat. Aufgrund dieser Natursymbolik ist das Ei eines der wirksamsten Mittel, geistige oder spirituelle Energie zu absorbieren. Die Kräfte, die dem Leben (oder dem Wachstum bzw. der Entwicklung) feindselig gesinnt sind, wenden sich von ihrem menschlichen oder tierischen Opfer ab und wählen das Ei als neues Opfer.

Das Ei hat eine andere spirituelle Wirkung als Essig, Mottenkugeln oder Kampfer; es absorbiert negative Energie aus seiner Umgebung. Es absorbiert, ohne nachzudenken oder zu fragen; einerlei, ob es im Hühnerhaus, im Laden oder in der Küche liegt oder von einem spirituellen Praktiker zur Beseitigung der Negativität benutzt wird.

Wer über einem Ei betet, ist imstande, weitere negative Energie von einem Menschen zu entfernen. Das Gebet schließt das Objekt mit ein und unterstützt es bei der Erfüllung seiner Aufgabe im Ritual. Im westlichen Kulturkreis empfinden wir für die Gegenstände, die wir benutzen, nur selten so viel Respekt wie beispielsweise Menschen in weniger entwickelten Gebieten. Das Gebet über dem Ei ähnelt dem Gebet oder dem Segen in der Messe oder in anderen religiösen Zeremonien. Das Gebet zeigt dem Ei, was der Betende von ihm erwartet. Die Worte des Gebetes verstofflichen sich. Wer in diesen Dingen Erfahrung hat, weiß, daß er sich sorgfältig überlegen muß, worum er bittet; sein Gebet könnte erhört werden!

Spirituelle Reinigung

Sie können ein Ei dazu benutzen, sich von allen Spuren spiritueller Negativität zu säubern, die auf den Kontakt mit bösen oder boshaften Menschen zurückzuführen sind. Beten Sie über einem rohen Ei um spirituelle Reinigung. Reiben Sie dann mit dem Ei über Ihren Nacken. Bewegen Sie es zwischen der Schädelbasis und der "Beule" des Schulterblattes auf und ab. Danach sollten Sie das Ei zerbrechen und wegwerfen.

Um spirituelle Negativität zu beseitigen, können Sie auch andere Körperteile mit einem Ei abreiben, zum Beispiel das Brustbein, die Basis der Wirbelsäule über dem Beckenknochen und die Geschlechtsorgane.

Emotionale Reinigung

Wenn Sie bestimmte Wirkungen erzielen wollen, können Sie die reinigende Kraft des Eies nutzen. Die Abreibung des Brustbeines hilft bei Störungen des Gefühlslebens, die Abreibung des Nackens bei negativer Beeinflussung durch andere. Die Basis der Wirbelsäule behandeln Sie, um negative, die Energie schwächende Gedanken abzuwehren, wenn Sie eine bestimmte Tätigkeit aufgeben wollen, oder um Probleme am Arbeitsplatz zu lösen.

Eine Beziehung beenden

Wenn Sie eine sexuelle Beziehung beenden wollen, reiben Sie die Geschlechtsorgane mit einem Ei ab. Ein sexueller Kontakt mit einem anderen Menschen führt immer zu einer astralen

Verbindung. Wenn die Beziehung auf der physischen Ebene abgebrochen wurde, hält diese Verbindung noch etwa ein Jahr, wobei ihre Intensität ständig abnimmt. Das Ei kann die astrale Verbindung absorbieren, wenn Sie in der Absicht, die Bande zu lösen, die Genitalien damit abreiben. Dieses Ritual eignet sich auch für Menschen, die in eine außereheliche Affäre verwickelt sind. Das Ei-Ritual verringert die Gefahr einer Entdeckung (der treue Partner könnte die außereheliche Beziehung sonst spüren).

Augenbeschwerden

Heftige Augenbeschwerden oder Kopfschmerzen im Bereich der Augen - einerlei, ob sie auf den bösen Blick zurückzuführen sind oder nicht - lassen sich häufig lindern, wenn man jeden Tag ein Ei auf beide Augen legt und sich zehn bis zwanzig Minuten lang entspannt. Sie können die Eier mit Hilfe eines zusammengelegten Handtuches am Wegrollen hindern. Zerbrechen Sie alle Eier, die Sie zur Beseitigung negativer Energie verwendet haben, und werfen Sie sie weg.

Körperliche Schmerzen

Eier können Ihnen helfen, Schmerzen in verschiedenen Bereichen des Körpers zu beseitigen. Entweder Sie legen das Ei auf den betroffenen Körperteil und entspannen sich, oder Sie reiben die schmerzende Stelle damit ab. Dieses Verfahren ist nicht immer erfolgreich; aber wenn es wirkt, ist das Ergebnis verblüffend. Manchmal lassen sich auf diese Weise Arthritis- oder Bursitisbeschwerden in den Knien oder im Armgelenk vertreiben. Wenn die Schmerzen in diesen Körperteilen verschwinden, ist das meistens ein Zeichen dafür, daß sie seelisch bedingt waren. In diesem Fall sollte man einen spirituellen Praktiker konsultieren.

Schutz während des Schlafes

Wenn Sie den Verdacht haben, daß jemand versucht, Sie während des Schlafes zu beeinflussen, kann ein Ei wirksame Abhilfe schaffen. Vielleicht träumen Sie in mehreren aufeinanderfolgenden Nächten von der verdächtigen Person oder spüren ihren Einfluß, während Sie sich aufs Zubettgehen vorbereiten. Oder Ihnen fällt eine bestimmte Haltung auf, wenn Sie diesem Menschen begegnen. Wenn sie einen solchen Einfluß vermuten, kann er sich allenfalls auf einer niedrigen Ebene abspielen, und das folgende Ei-Ritual wird ihm wahrscheinlich für immer den Garaus machen.

Waschen Sie ein ganzes frisches Ei unter fließendem kaltem Wasser. Trocknen Sie es mit einem sauberen Handtuch oder mit einer Serviette ab und schreiben Sie mit einem weichen Bleistift Ihren Namen darauf. Legen Sie dieses Ei während des Schlafes in Kopfhöhe. Lassen Sie das Ei eine Woche lang an seinem Platz, es sei denn, es bekommt Sprünge oder zerbricht. Zerbrechen Sie es am Ende der Woche und werfen Sie es weg. Wenn das Ei zerbricht oder Sprünge bekommt, ehe die Woche vorbei ist, werfen Sie es sofort weg und ersetzen es durch ein anderes Ei. Liegt das Ei eine Woche lang an seinem Platz, ohne zu zerbrechen oder Sprünge zu bekommen, sollten Sie den lästigen Einfluß losgeworden sein.

So wie ein Gefäß ein begrenztes Aufnahmevermögen hat, kann auch ein Ei nur eine begrenzte Menge negativer Energie absorbieren. Wenn ein Ei mehr Energie aufgenommen hat, als es verkraften kann, springt oder zerbricht es. Dann müssen Sie es wegwerfen und ein anderes verwenden. Wenn jemand versucht, Sie mit Gewalt zu beeinflussen, und Sie sich mit dem Ei-Ritual wehren, wächst die Wahrscheinlichkeit, daß das Ei zerbricht. Zum Glück können die meisten negativen Menschen nicht genug Energie aufbringen, um ein normales Ei auf magische Weise zu zerbrechen.

Die Reinigung eines Hauses

Wenn Sie ein Haus finden, das Ihnen gefällt und zum Verkauf angeboten wird, sollten Sie es vor dem Umzug gründlich mit Eiern reinigen. Die Eier absorbieren jegliche spirituelle Negativität und schaffen harmonische Schwingungen im neuen Heim. Außerdem verkürzen sie die Zeit, die Sie benötigen, um sich "wie zu Hause" zu fühlen. Legen Sie einfach Eier in die Ecken aller Räume, und lassen Sie sie sieben Tage lang liegen. Danach werfen Sie die Eier (ohne sie zu zerbrechen) in die Mülltonne.

Die Reinigung Ihrer Haustiere

Mit Eiern können Sie auch Tiere von negativer spiritueller Energie befreien. Bei den Pennsylvania-Deutschen benutzt man Eier, um Kühe, die keine Milch mehr geben, von Verwünschungen zu befreien. Ich weiß von einem Schäfer aus Wyoming, der mit Erfolg Eier verwendet, um zu verhindern, daß sein Hund während der Arbeit negative Energie aufnimmt. Jedesmal, wenn das Tier einen gereizten oder zerstreuten Eindruck macht, reibt er es mit einem Ei ab und ist fest davon überzeugt, seinem Hund damit einen großen Dienst zu erweisen.

Die Reinigung eines Kranken

Auch im Krankenzimmer sind Eier anwendbar. In jeder Ecke des Zimmers ein Ei fördert Ruhe und Entspannung und bringt dem Patienten Erleichterung. Man kann die Störungen im astralen Körper des kranken, alten oder gebrechlichen Menschen beseitigen oder zumindest lindern, denn die Eier absorbieren ihre Energie. Legen Sie als zusätzliche Hilfe auch Eier an die vier Ecken des Bettes. Wechseln Sie sie jede Woche aus. Eier verderben, wenn sie nicht im Kühlschrank aufbewahrt werden, und die absorbierte spirituelle Energie ist nicht der einzige Grund, warum Eier platzen oder zerbrechen! Auch wenn Sie mit spirituellen Kräften arbeiten - vergessen Sie "das Normale" nicht. Wenn ein Ei aufplatzt und nach Schwefelwasserstoff riecht, sollten Sie keine spirituelle Ursache vermuten.

Reinigen mit Düften und Räucherwerk

Mit Duftstoffen kann man Orte oder Personen reinigen. Die Intensität ihrer Wirkung reicht von sehr mild bis äußerst stark. Manche der stärkeren reinigenden Duftstoffe können sogar für Menschen, die an ihre Anwendung nicht gewöhnt sind, schädlich sein.

Um diese Duftstoffe geht es hier nicht, sondern um Substanzen, die Orte und Menschen reinigen, ohne sie zu gefährden. Sie sind, wenn wir die spirituelle Reinheit und Sauberkeit im Haus aufrechterhalten wollen, sehr machtvolle Helfer.

Jene Aspekte des geschaffenen oder manifesten Universums, die bei den inkarnierten Geschöpfen am veränderlichsten sind, erweisen sich im astralen Universum als die stabilsten. Zum Beispiel ist ein Zentimeter ein Zentimeter. Er bleibt immer gleich, einerlei, ob wir damit Holz, Papier oder Metall messen. Ein Zentimeter ist ein Maß, und über die Messung besteht bei den meisten Menschen Einigkeit. Anders unser Geschmacks- und Geruchssinn, er erfordert keine solchen Vergleichsnormen, da es sich um entwickelte oder "kultivierte" Sinne handelt. Die meisten Menschen verfügen nur über ein äußerst grobes Begriffssystem, denn für Geschmack und Geruch gibt es keine Maßeinheit. Was dem einen schmeckt, kann den anderen abstoßen oder sogar krank machen.

Jeder Mensch entwickelt die Fähigkeit, zwischen verschiedenen Geschmacksrichtungen und Düften mehr oder weniger fein zu unterscheiden, so daß er sie nach den allgemein anerkannten Geruchs- und Geschmacksnormen beurteilen kann. Für den Durchschnittsmenschen haben Gerüche kaum eine Bedeutung, für ihn zählt nur, "es riecht gut" oder "es riecht schlecht".

Düfte haben sehr viel mit den astralen Ebenen zu tun, und während sich der Mensch den Gebrauch des Gesichtssinnes und des Gehörs nach einer kurzen Einführung in die Regeln schnell aneignen kann, ist die Wahrnehmung der astralen Düfte nicht so einfach - aber auch sie kann man erlernen, wenn man ihre Existenz akzeptiert.

Wirkung von Geschmack und Duft sind auf der astralen Ebenen stärker als die der Masse auf der physischen. In der Bibel lesen wir, die von Noah dargebrachten Opfer seien von "süßem Duft" gewesen (1. Moses 8,20-21). Duft und Geschmack der Speiseopfer sind für den Bewohnern der astralen Welt Energiespender.

In gewissem Sinne läßt sich das Verbrennen von Duftstoffen mit einer Leuchtkugel vergleichen. Wir schicken sie nach oben, um die von uns gewünschten spirituellen Kräfte herbeizulocken. Jeder Duft spricht eine bestimmte Kraft an, und sie antwortet auf den Ruf. Wenn sich die Kräfte dorthin begeben, wo der Duftstoff verbrannt wird, offenbaren sie ihre wahre Natur. Dadurch erzielen wir die gewünschte Wirkung an dem Ort, zu dem wir die Kräfte rufen.

Wenn wir Räucherwerk verbrennen, um ein Haus zu reinigen, rufen wir diejenigen Kräfte aus dem astralen Universum, deren Aufgabe es ist, negative Einflüsse zu beseitigen. Wir tun nichts weiter als zu rufen und zu bitten, an einem bestimmten Ort tätig zu werden. Wenn wir Duftstoffe verbrennen, um die Schwingungen eines Hauses oder Ortes zu verbessern - ihm sozusagen eine "spirituellere" Schwingung zu geben -, sprechen wir Kräfte an, denen diese Aufgabe von Natur her gegeben ist. Jeder Duftstoff und jede Mischung ist eine Art Telefonnummer, die einen Rückruf bekommt, wenn unsere Anfrage aufrichtig war.

Verbrennen wir jedoch Duftstoffe ohne einen besonderen Grund, könnten die Kräfte zu der Auffassung gelangen, wir seien "falsch verbunden" - und werden auf unsere Wünsche nicht eingehen. Immer, wenn die Kräfte gerufen werden, steht ihre Reaktion in direkter Beziehung zur Ehrlichkeit und klaren Aussage des Bittenden. Um Duftstoffe richtig anwenden zu können, müssen wir erst diese Regeln begreifen.

Solange man mit Duftstoffen nicht vertraut ist, hat es überhaupt keinen Sinn, mit speziellen Duftmischungen zu experimentieren, nach dem Motto: hier ein bißchen, da ein bißchen. Die meisten Menschen sind außerstande, die Wirkung solcher Mixturen einzuschätzen. Wer sich in dieser Hinsicht Illusionen macht, schadet seiner spirituellen Entwicklung. Jedoch wird diese Entwicklung gefördert, wenn man die Wirkungen reiner Duftstoffe verstehen und schätzen gelernt hat - und das Leben wird ein wenig schöner.

Bei allen spirituellen Ritualen geht es hauptsächlich um Sensitivität und Symbolik, und um unser Anliegen. Wenn die Symbolik und das Anliegen stimmen, verliert die Sensitivität an Bedeutung. Bei Ihrem Anliegen kommt es auf die Aufrichtigkeit an. Was sind Ihre wahren Absichten? Wer sensitiv genug ist - das heißt: wenn die echten intuitiven Fähigkeiten weit genug entwickelt sind -, braucht es nur noch eine individuelle Symbolik und das richtige Anliegen. Ich spreche von individueller Symbolik, weil Menschen mit hochentwickelter Intuition bestimmte Symbole benutzen können, um die Ziele zu erreichen, von denen wir hier sprechen.

Wie man Duftstoffe verbrennt

Einen Duftstoff auf Holzkohle zu verbrennen (die sauberste Lösung) ist nicht schwierig, wenn man weiß, wie es gemacht wird. Sonst kann es Probleme geben.

Zum einen möchten Sie vermutlich nicht Ihr Haus niederbrennen, und Brandlöcher in den Möbeln sind wohl auch nicht das Ziel Ihrer Träume. Nehmen Sie eine leere Thunfisch- oder Katzenfutterdose, waschen Sie sie aus und stellen Sie sie umgedreht in eine alte Tasse. Jetzt haben Sie eine sichere Feuerstelle für die Holzkohle. In manchen Kräuterläden gibt es Holzkohle zu kaufen, die sich selbst entzündet, wenn man ein Streichholz daran reibt. Die Holzkohle brennt schnell auf der ganzen Oberfläche und wird rotglühend. Dann können Sie den Duftstoff (als Pulver oder klebrige Masse) mit einem Teelöffel auftragen. Füllen Sie aber den Teelöffel jeweils nur zu einem Viertel; lassen Sie diese Menge verbrennen und machen Sie dann erst weiter. Wenn Sie den Duftstoff auf die Holzkohle streuen oder streichen, sollten Sie um den Erfolg beten, den Sie sich wünschen.

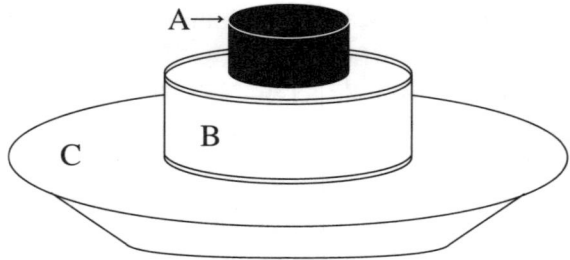

(Legen Sie die Holzkohle (A) auf eine umgedrehte Dose (B), die auf einer Untertasse (C) steht.

Die Reinigung eines Hauses

Bevor Sie damit beginnen, ein Haus, eine Wohnung oder einen bestimmten Ort zu reinigen, lesen Sie unbedingt den Anfang dieses Kapitels. Der wirksamste und ungefährlichste Duftstoff zum Beseitigen negativer Schwingungen ist das sogenannte Drachenblut. Es ist ein klebriges Harz, das von einer Pflanze auf der malaiischen Halbinsel ausgeschieden wird. In den Vereinigten Staaten ist es ziemlich beliebt, und man kann es überall im Land in Kräuter- und Gewürzläden kaufen, gelegentlich auch als Pulver in altertümlichen Drugstores. Meist wird es in Pulverform oder als zweieinhalb Zentimeter dicke und fünfzehn Zentimeter lange Stange verkauft. Wenn Sie kein Pulver beschaffen können, müssen Sie es aus der Stange herstellen. Dazu schabt man mit einem Schälmesser die Stange in recht mühsamer Arbeit so lange ab, bis man genügend Pulver zum Verbrennen hat. Wenn Sie einen Mörser und einen Stößel haben, können Sie ein Stück von der Stange abbrechen und zerkleinern. Da Sie nicht viel Pulver brauchen, ist dieses Verfahren nicht sonderlich schwierig. Drachenblut hat eine auffällige rote Farbe und ist mit anderen duftenden Substanzen kaum zu verwechseln. Es wirkt auf negative spirituelle Kräfte abstoßend und zieht gleichzeitig gute spirituelle Kräfte an. Man kann es als eine Art "Astralmesser" bezeichnen, das unerwünschte Dinge wegschneidet.

Ehe Sie ein Haus oder eine Wohnung reinigen, sollten Sie sämtliche Fenster öffnen. So können die bösen Kräfte zusammen mit dem unverwechselbaren Geruch entweichen. Sobald die Fenster offen sind, schütten Sie etwa 1/8 Teelöffel Drachenblut auf ein heißes Stück Holzkohle und lassen es brennen, bis es all seinen Rauch abgegeben hat. Warten Sie mindestens eine halbe Stunde, bevor Sie die Fenster schließen. Der Duftreinigung sollte sich eine weitere Reinigung anschließen, die positive Schwingungen ins frisch gereinigte Haus bringt. Weihrauch eignet sich gut dafür.

Wenn Sie ein Haus zum erstenmal reinigen, tun Sie es am besten alleine, also ohne "Gesellschaft". Sie ist, wenn Sie dieses spirituelle Ritual in Ihrem neu erworbenen Haus oder in Ihrer Wohnung vollziehen, nicht sehr förderlich. Falls Sie Haustiere haben, sollten sie während der Reinigung draußen sein, damit sie nicht von negativen Energien geschädigt werden. (Wir wissen doch alle, daß Tiere gegen astrale Schwingungen viel empfindlicher sind als Menschen, oder?) Menschen schadet die Reinigung nicht, und selbst wenn Sie sich längere Zeit im Haus aufhalten, macht es nichts aus. Aber, wie gesagt, am besten sind Sie bei der spirituellen Reinigung eines Hauses allein.

Wie man Frische ins Haus bringt

Wenn Sie ein wenig Schwung und Frische in Ihr häusliches Leben bringen möchten, können Sie, nachdem Sie das Haus mit Drachenblut gereinigt haben, die folgende Duftmischung anwenden, sie erzeugt stets angenehme Schwingungen.

Nehmen Sie 1/4 Teelöffel braunen Zucker und verteilen Sie darin mit einem Löffel zwei oder drei Tropfen Honig. Sie erhalten einen braunen Teig, den Sie auf einem heißen Stück Holzkohle verbrennen. Wir verwenden braunen statt weißem Zucker, weil er beim Verbrennen einen weniger beißenden Rauch entwickelt. Diese Duftmischung bringt keine Schwingungen hervor, die die sexuelle Liebe anregen, sondern eher solche, die zur göttlichen Liebe hinführen.

Weihrauch

Wenn Sie in einen Kräuterladen gehen und Weihrauch kaufen, werden Sie ein durchsichtiges, bernsteingelbes, klebriges Harz bekommen. Gewöhnlich stammt es aus der inneren Rinde eines kleinwüchsigen, strauchartigen Baumes der Familie Burseraceae, Gattung Boswellia. Es stammt aus Afrika, Arabien oder Indien und wird seit Beginn der geschichtlichen Aufzeichnungen als Räucherwerk benutzt. Weihrauch ist wahrscheinlich die am häufigsten verwendete aromatische Substanz, ganz sicherlich ist sie die bekannteste. Sie hat die Fähigkeit, die spirituellen Schwingungen eines Ortes zu erhöhen und ist daher Hauptbestandteil kirchlicher Räuchergemische. Vielleicht erinnern Sie sich daran: Eine Weihrauchschatulle war eines der Geschenke, das die Heiligen Drei Könige dem Christuskind brachten.
Die Anwendung von Weihrauch wird in der Bibel (2. Moses 30,34) empfohlen und in der Offenbarung (18,13) erwähnt. Er kann gar nicht genug gelobt werden, und seine Ungefährlichkeit steht außer Zweifel.
Wer eine gewisse Herrschaft über sein spirituelles Umfeld ausüben möchte, sollte einen kleinen Vorrat verschiedener Weihrauchsorten aufbewahren und ihn je nach Bedarf auf Holzkohle verbrennen. Man benötigt nur drei Arten von klebrigen Duftharzen: Drachenblut, Weihrauch und Benzoeharz.

Benzoeharz

Benzoeharz ist ebenfalls ein klebriges, aromatisches Harz. Benzoeharzklumpen sind kristallin und lassen sich leicht mit der Hand zerbrechen. Dieses Harz ist viel krümeliger als

Weihrauch, Myrrhe oder Drachenblut. Man verwendet es in kirchlichen Räuchergemischen bei griechisch-orthodoxen Riten und, etwas seltener, im römisch-katholischen Gottesdienst. Als Duftstoff hat Benzoeharz die Fähigkeit, die höheren spirituellen Kräfte anzulocken und sie den Menschen näherzubringen. Sie können Benzoeharz zusammen mit Weihrauch verbrennen, um die Wirkung beider Substanzen zu verstärken und am Verbrennungsort positive spirituelle Schwingungen zu verbreiten.

Nehmen Sie vier Teelöffel Benzoeharzpulver und mischen Sie es mit sechs Teelöffeln Weihrauch. Wenn Sie beides gründlich vermischt haben, streuen Sie etwa 1/4 Teelöffel auf ein heißes Stück Holzkohle. Dieses Gemisch fördert die spirituelle Klarheit und lockt die Bewohner der höheren astralen Ebenen zu dem Ort, an dem es verbrannt wird. Es ist ein ausgezeichneter Duftstoff zum Segnen eines Hauses oder zur spirituellen Reinigung eines Menschen.

Myrrhe

Die Heiligen Drei Könige schenkten dem Christuskind auch eine Schale mit Myrrhe. Die Stücke dieses Harzes sind bräunlich und stumpf und haben einen auffallenden Geruch. Auch Myrrhe wird in den meisten kirchlichen Duftgemischen verwendet, allerdings aus einem anderen Grund als Weihrauch. Der Rauch der Myrrhe bringt die Astralebenen näher an die Erde heran und öffnet das Himmelstor, so daß sich die vom Weihrauch angezogenen Einflüsse manifestieren können. In allen aromatischen Mischungen hat Myrrhe die Aufgabe, die Manifestation der von anderen Duftstoffen angelockten Kräfte zu unterstützen. Indem sie die astralen Welten einander näherbringt, ermöglicht sie eine "Bewegung" zwischen ihnen. Vor allem diese Eigenschaft der Myrrhe entmutigt den Unerfahrenen. Man sollte sie nur in Verbindung mit Weihrauch verbrennen, niemals allein. Wenn sie nicht mit einem erhebenden Duftstoff vermischt wird, kann sie dem unerfahrenen oder unvorsichtigen Experimentator Unglück bringen.

Nehmen Sie drei Teelöffel Weihrauchpulver und mischen Sie es mit einem Teelöffel Myrrhepulver. Streuen Sie nach gründlichem Mischen etwa 1/4 Teelöffel auf ein heißes Stück Holzkohle. Diese aromatische Mischung bringt Ordnung in die spirituellen Schwingungen des Ortes, an dem sie verbrannt wird. Sie ist auch als Meditationsduftstoff gut geeignet und strahlt entspannende spirituelle Schwingungen aus - was Erinnerungen an die katholische Kirche in den Tagen der lateinischen Messe weckt.

Räucherkerzen und Räucherstäbchen

Räucherkerzen und -stäbchen sind fast überall erhältlich. Sie bieten ohne Zweifel die einfachste Möglichkeit, Düfte zu erzeugen, da sie sich, sofern man feuerfeste Gefäße verwendet, mühelos verbrennen lassen. Das einzige Problem ist der Duft. Wir wissen nicht, wer die Kerzen oder Stäbchen hergestellt hat und ob der Betreffende sich über das, was er tat, im klaren war. Indische Räucherkerzen und -stäbchen sind die besten und werden zum allgemeinen Gebrauch empfohlen. Man kann sie mit einer gewissen Zuversicht anwenden und darf darauf hoffen, daß ihr Duft das anlockt, was er anlocken soll. Die gleiche Ware wird in Indien bei religiösen Ritualen verwendet.

Sandelholz, der Räucherstab, dessen Duft am stärksten beruhigt (das gilt zumindest für die meisten Menschen), gibt spirituelle wie entspannende Schwingungen ab.

Jasmin erzeugt beruhigende Schwingungen und fördert auch die seelische Ruhe. Er unterstützt zudem die geistige Klarheit, vor allem, wenn man emotional überreizt ist.

Die Rose hat eine spirituelle und erhebende Wirkung. Sie kann, sofern mit Jasmin verbrannt, helfen, Ruhe in ein Haus zu bringen, wenn sich kleinere Katastrophen ereignet haben (zerbrochenes Geschirr, verlorene Papiere usw.). Diese Mischung eignet sich gut als Räucherwerk im Haus; sie dämpft die aktiven Schwingungen, die zurückbleiben, nachdem abends die Kinder im Bett sind.

Andere Blumen sowie Kieferndüfte sollte man meiden, es sei denn, sie würden für bestimmte Zwecke eigens verordnet. Ihre Wirkung ist so unterschiedlich in Duft und Intensität, daß man keine allgemeingültigen Regeln aufstellen kann.

Selbstgemachtes Räucherwerk

Um die Schwingungen Ihres Hauses zu verändern, können Sie Ihr eigenes Räucherwerk zusammenmixen und dafür gewöhnliches Küchengewürz verwenden. Lesen Sie die nachfolgende Aufstellung durch und suchen Sie sich die Düfte aus, mit denen Sie dann die gewünschte Wirkung erzielen können. Die meisten sind ganz normale Haushaltsgewürze und werden mit einigen der oben besprochenen aromatischen Harze gemischt.

Zimträucherwerk

Zimt, der auf einem Stück Holzkohle verbrannt wird, hat eine stark beruhigende Wirkung. Er zieht Einflüsse an, die den Geist anregen. Außerdem baut er Aggressionen im Haus ab und verstärkt die bereits vorhandene Freigebigkeit. Warum also sollte man ihn nicht vor dem Besuch eines negativen oder kleinlichen Menschen verbrennen?

Pimenträucherwerk

Dieses Gewürz fördert das gesellige Beisammensein, da es Kräfte anzieht, die die gegenseitige Sympathie verstärken. Wenn Sie Ihren Freunden eine angenehme Atmosphäre bereiten möchten, verbrennen Sie etwa eine Stunde vor dem Eintreffen Ihrer Gäste Piment auf Holzkohle.

Zimt- und Pimentmischung

Wenn Sie diese Gewürze zu gleichen Teilen mischen und auf Holzkohle verbrennen, bringen Sie eine ruhige "geistreiche" Schwingung ins Haus. Diese Räuchermischung eignet sich zum Verbrennen unmittelbar nach einer spirituellen Reinigung des Hauses. Sie fördert familiäre und freundschaftliche Kontakte und erleichtert die Kommunikation. Obwohl sie eine gesellige Atmosphäre erzeugt, ist sie kein "Liebeszauber".

Muskaträucherwerk

Muskat wird aus der Rinde des Muskatnußbaumes gewonnen, und man kann es auf Holzkohle verbrennen, um seine Selbstbeherrschung zu stärken. Es eignet sich daher besonders gut für das Arbeitszimmer. Sie können es auch anwenden, wenn Sie sich auf ein Projekt konzentrieren müssen, das unbedingt fertig werden muß.

Alaun

Alaun ist ein altes Hausmittel, wird gelegentlich in der Medizin verwendet und ist in jeder Drogerie erhältlich. Wenn Sie Alaun auf Holzkohle verbrennen, sorgt er für eine sehr feierliche Atmosphäre. Außerdem stärkt er die Selbstdisziplin. Da seine Wirkung sehr stark ist, sollten Sie ihn nicht "pur" verbrennen, da seine Wirkung sehr stark ist. Mischen Sie 1/4 Teelöffel Alaun mit drei Teelöffeln Muskat, um Schwingungen zu erzeugen, die schwierige Aufgaben lösen helfen und die Vorbereitung auf Prüfungen erleichtern.

Diese Mischung können Sie als Student während der Arbeit anwenden, und vielleicht gelingen Ihren Kindern die Hausaufgaben besser, wenn in ihrem Zimmer ein wenig Alaun und Muskat verbrannt wird. Also: Dieses Räucherwerk ist ein hervorragendes Konzentrationsmittel.

Wenn Sie ein aufrichtiges Gebet sprechen möchten, in dem Sie um einen guten Lehrer für das Studium der spirituellen Evolution bitten, verbrennen Sie diese Mischung mit einem Teelöffel Weihrauch oder Benzoeharz.

Salz und Alaun

Wenn Sie diese zwei Substanzen mischen und als Räucherwerk auf Holzkohle verbrennen, scheint es nur einen schwachen Duft zu geben. Dennoch erzeugt das Gemisch eine stabile Schwingung. Verbrennen Sie einen Teelöffel gemahlenes Salz, das Sie mit 1/8 Teelöffel Alaun vermischt haben. Das Haus wird dadurch spirituell stabiler, und die Bewohner gewinnen an seelischer Kraft. Dieses Räucherwerk sollte nur an Sonntagen im Laufe des Tages verbrannt werden, sonst hat es nicht die gewünschte Wirkung. Wenn man es zum erstenmal verwendet, warte man auf die Phase des zunehmenden Mondes. (Das ist die Zeit zwischen Neumond und Vollmond. Menschen, die sich mit dem Okkulten befassen, praktizieren nur selten bei Neumond, sondern warten volle vierundzwanzig Stunden ab. Auch die vierundzwanzig Stunden vor Vollmond werden nicht gerne genutzt. Die Mondphasen sind in vielen Kalendern angegeben.)

Dieses Räucherwerk und seine Anwendung machen einige Gesetze der spirituellen Welt deutlich - denn auch der Kosmos hat, wie unsere physische Welt, seine Gesetze. Verbrennen wir das Räucherwerk bei zunehmendem Mond, unterstreichen wir damit unseren Wunsch nach einem Neuanfang, und an einem Sonntag bei Tageslicht, weil wir die spirituelle (oder seelische) Kraft der Hausbewohner stärken wollen. Diese Kraft wird sowohl durch das Sonnenlicht wie auch durch den Wochentag symbolisiert. Haben wir das begriffen, wird wir auch der Sinn dieser Anleitung klar.

Räucherwerk aus getrockneten Obstschalen

Sie können die Schale jeder Frucht fein schneiden und auf Holzkohle verbrennen. Es handelt sich um reines Räucherwerk, da außer den Obstschalen nichts beigemengt wird, es beeinflußt die Atmosphäre eines Hauses und ruft Schwingungen hervor, die uns dabei helfen, unsere Energie zu behalten.

Orangenschalen bringen beruhigende, aber aufbauende Schwingungen ins Haus. Den weißen "Pelz" sollten Sie vor dem Trocknen allerdings größtenteils wegschneiden.

Zitronenschalen senden läuternde Schwingungen aus und regen bei vielen Menschen den Energiefluß im Körper an.

Pfirsichschalen sind bei gesellschaftlichen Anlässen geeignet, wenn Ihnen das Benehmen einzelner Gäste mißfällt. Die Schalen dieser Frucht sorgen auf subtile Weise für mehr Anstand. Granatapfelschalen wirken auf die meisten Menschen erhebend und leicht sinnlich. Wer sie als aufdringlich empfindet, sollte sie nicht mehr verwenden. Wenn Sie leichte Duftstoffe wie Weihrauch verbrennen, können Sie die Schwingungen der Granatapfelschalen ausgleichen.

Selbsträucherung mit Duftstoffen

Das Beräuchern von Gebäuden, Arbeitsplätzen und Kunstwerken übersteigt die Fähigkeiten eines Durchschnittsmenschen. Solche Räucherungen sollte man ebenso wie Exorzismus dem erfahrenen spirituellen Praktiker überlassen. Eine Anwendungsmöglichkeit sollten Sie allerdings nicht vernachlässigen, nämlich die Selbsträucherung. Dieses Verfahren kann jeder anwenden, der es wünscht. Befolgen Sie einfach die untenstehenden Anweisungen und verwenden Sie die beschriebenen Duftstoffe, um Schwingungen so zu verändern, wie Sie sie haben möchten. Experimentieren Sie nicht mit anderen Räucherwerken herum - sie könnten eine Atmosphäre erzeugen, die Ihnen nicht gefällt, und Sie würden ihre Wirkung mindestens vierundzwanzig Stunden lang verspüren!
Besorgen Sie sich einen Stuhl mit senkrechter Lehne und stellen Sie Ihren "Brenner" darunter. Legen Sie ein Tuch zurecht (am besten ein weißes Bettuch oder etwas Ähnliches). Zünden Sie die Holzkohle an und wählen Sie aus der folgenden Liste ein Räucherwerk aus. Streuen oder streichen Sie es auf die Holzkohle, sobald sie heiß ist, und setzen Sie sich in Unterwäsche in das Tuch eingewickelt, auf den Stuhl. Man könnte meinen, Sie nähmen ein Dampfbad. Das Laken sollte den ganzen

Körper bedecken und um den Stuhl herum bis zum Boden reichen, nur den Kopf lassen Sie bitte frei. Achten Sie darauf, daß das Tuch nicht den Brenner oder die Holzkohle berührt! Räuchern Sie sich auf diese Weise zehn bis fünfzehn Minuten lang.

Die nachfolgende Liste enthält einige Duftstoffe zum Räuchern. Sie dürften für die häufigsten Probleme genügen. Bitte experimentieren Sie nicht. Sie haben es mit Ihrer eigenen Schwingung zu tun!

Benzoeharz: Befreit von spirituellen Problemen, wenn Sie während der Räucherung Gott aufrichtig um Hilfe bitten.

Honig: Ein paar Tropfen auf der Holzkohle helfen, Ihr Temperament zu zügeln. (Auch brauner Zucker ist dafür geeignet.)

Kaffee: Schützt vor negativen Kräften. Verwenden Sie frisch gemahlenen Kaffee, kein Instantpulver! Beten Sie um den Schutz, den Sie benötigen. Kaffee ist auch ein gutes Mittel, um Alpträumen ein Ende zu machen.

Knoblauchschalen: Beseitigen negative Gedankenformen. Verwenden Sie sie, wenn Sie sich mutlos fühlen und ein bestimmter Gedanke Sie nicht losläßt. (Die Schalen sind die äußeren weißen Teile der Knolle, die Sie abschälen und wegwerfen, wenn Sie mit Knoblauch kochen.)

Piment: Für eine harmonische Beziehung zu Mitmenschen. Sehr gut geeignet bei Eheproblemen oder Schwierigkeiten am Arbeitsplatz.

Tabak: Zum körperlichen Schutz und zur Befreiung von einem bösen Einfluß, der von außen geschickt wurde. Zusammen mit einem aufrichtigen Gebet nimmt der Tabak die Fähigkeit des bösen Blicks. Brechen Sie eine Zigarette durch und verbrennen Sie den Tabak; oder nehmen Sie eine Prise Pfeifentabak.

Frieden ins Haus bringen

Wer einen Teil der spirituellen Energie, die die allgemeine Lebensweise negativ beeinflußt, aus seiner Umgebung verbannt hat, möchte sicherlich auch das Haus von diesen Kräften reinigen. Ist das vollbracht, kann der Mensch wieder spirituell wachsen. Spirituell störende Einflüsse können viele Ursachen haben und werden auch auf verschiedene Weise beseitigt. Die häufigsten spirituellen Störungen in Häusern und Wohnungen sind auf die Schwingungen zurückzuführen, die bei Familienstreit und Uneinigkeit entstehen. Sensitive Menschen spüren, daß sich die Atmosphäre in einem Haus nach einem Streit verändert und nicht mehr dieselbe ist. Das ursprüngliche Gefühl des Friedens und der Harmonie, das man einst beim Einzug empfunden hat, stellt sich nicht mehr ein. Manchmal scheint die Disharmonie weitere negative Einflüsse anzuziehen, so daß Streitigkeiten, von denen Sie dachten, sie wären beigelegt, immer wieder in unterschiedlicher Form ausbrechen und den Familienfrieden stören. Wenn der Zauber der Liebe erst einmal durch Unfrieden gebrochen wird, ist es schwierig, ihn wiederherzustellen. Uneinigkeit zieht ihre Entsprechung auf geistiger Ebene an. Liebe und Harmonie lösen Uneinigkeit rasch auf. Dieser Prozeß ist schwer für den zu begreifen, der über kein oder nur wenig spirituelles Bewußtsein verfügt.

Bei einem Streit laden sich die aus Energie bestehenden Gedankenformen mit negativer emotionaler Energie auf und diese entlädt sich dann während des nächsten Familienstreites. Manchmal nehmen Gedankenformen ein eigenes Leben an und lösen weiteren Zank und Streit aus. Ein unglückseliger Kreislauf. Man kann dies nur ändern, indem man das

Haus von der Negativität säubert, die sich dort angesammelt hat. Das sollte geschehen, bevor man nach einem Familienkrach zu Bett geht.

Erlauben Sie mir an dieser Stelle einige Bemerkungen über häuslichen Streit. Viele Menschen streiten nur wenig; sie haben eine Meinungsverschiedenheit, werfen sich ein paar Worte an den Kopf und reden dann nicht mehr miteinander, aus Angst, die Diskussion könnte ausufern. Vielleicht ist die Ehe in Gefahr, und keiner der Partner möchte an das Problem rühren. Die Spannung kann sich daher nicht lösen und zieht weiter negative Gedankenformen an, selbst wenn niemand die Stimme erhebt. Ein Sensitiver, der viele Jahre später das Haus betritt, fängt die Spannung und Traurigkeit sofort auf, und er wird alles daran setzen, dieses Haus so schnell wie möglich wieder zu verlassen. Wenn wir über die spirituelle Reinigung eines Hauses nach einem Streit reden, meinen wir damit den "stummen Streit" ebenso wie jenen, bei dem die Beteiligten ihre Gefühle "herauslassen".

Man kann die Spannung jedoch schon während der Auseinandersetzung abbauen, indem man eine mit Wasser gefüllte Schale ins Zimmer stellt. Oder man kühlt die "Hitze des Gefechtes" indem man während des Streites oder sofort danach Eiswürfel auf dem Fußboden verteilt. Beides erleichtert den Hausbewohnern das Leben, denn sie lassen die emotionale Energie verschwinden, die sich bei einer Auseinandersetzung entlädt.

Ist der größte Streit erst einmal vorbei, sollte man das ganze Haus reinigen. Dazu eignet sich eine Mischung aus einer halben Tasse Ammoniak und einem Teelöffel Tafelsalz, im Wasser eines vollen Putzeimers aufgelöst. Dies trägt dazu bei, die restlichen negativen Gedankenformen zu vertreiben. Nach der Reinigung leere man die Wasserschale, die während des Streites im Zimmer gestanden hat, und spüle sie aus.

Häufige Streitereien über ein- und dasselbe Thema sind "unüberwindbare Differenzen", die man nicht alleine, sondern mit Hilfe eines geschulten Eheberaters oder Priesters lösen sollte. Dabei geht es selten um "richtig oder falsch", denn für die meisten Problemen gibt es zahlreiche Möglichkeiten für einen Kompromiß. Wenn Sie einen Eheberater aufsuchen, kann er Ihnen vielleicht eine Lösung aufzeigen, die allen Beteiligten gerecht wird. Fachkundigen Rat in Anspruch zu nehmen bedeutet nicht, versagt zu haben. Wenn es darum geht, eine Beziehung zu retten, ist die Hilfe eines Dritten ein Segen, weil sie eine Menge unnötige Negativität auflöst.

Sind Kinder da, wird das Haus, sobald ein Kind in die Pubertät kommt, von einer Flut psychischer Energie überschwemmt. Die Pubertät ist eine Phase der körperlichen Entwicklung, in der die Energiepegel im Körper gewaltig schwanken. Diese Schwankungen sind notwendig, um aus dem Kind einen Erwachsenen zu machen. Mit den Energieschwankungen geht eine Veränderung in der seelischen Struktur des Kindes einher. Sie macht das heranwachsende Kind zu einem schwierigen Hausgenossen.

Gelegentlich treten mit der Pubertät auch übersinnliche Fähigkeiten auf. Das ist vor allem bei jungen Mädchen der Fall, gewöhnlich in der Zeit kurz vor der ersten Menstruation und im Jahr danach. In den meisten Fällen bringt der Druck der sozialen Anpassung die PSI-Fähigkeiten zum Erlöschen, kurz nachdem das pubertierende Kind zu seiner sexuellen Identität gefunden hat. Solange diese Fähigkeiten jedoch noch vorhanden sind, geraten große Mengen von Energie in Bewegung, aber die Kanäle, in die sie fließen könnten, fehlen.

Das führt zu einem Stau indirekter psychischer Energie und zu heftigen Turbulenzen im Haus. Diese Energien verstärken alle vorhandenen Gedankenformen, am häufigsten jene, die das Kind selbst erzeugt. Diese Energie kann so stark sein, daß die Erwachsenen weder darauf vorbereitet sind noch damit fertig werden können. Man sollte sie von Anfang an im Keim ersticken, damit sie nicht das Familienleben oder die Ehe belastet.

Das geschieht so: Man gibt dem Kind ein eigenes Zimmer und stellt ein Glas Wasser ans Kopfende des Bettes. In die Ecken des Zimmers lege man Mottenkugeln. Auf diese Weise löst sich die Energie des schlafenden Kindes genauso schnell auf, wie sie produziert wird, und es bleibt nur wenig überschüssige Energie übrig, die den Haushalt durcheinander bringen kann.

Ein Haus sollte nicht nur im physikalischen Sinne, sondern auch geistig saubergehalten werden. Dazu gibt es eine Reihe von einfachen Maßnahmen. Wenn man diese Rituale zum Bestandteil des regelmäßigen Reinigungsprogramms macht, schenkt das Haus seinen Bewohnern mehr Ruhe und Frieden.

Schütten Sie 1/4 Tasse Ammoniak und einen Teelöffel Meersalz in Ihr normales Putzwasser. Damit entfernen Sie unerwünschte emotionale Energie. Beim Wäschewaschen geben Sie einen Eßlöffel davon entweder ins Waschwasser oder ins Spülwasser. (Schütten Sie niemals Ammoniak und Bleichmittel in denselben Eimer! Sie bilden ein giftiges ätzendes Gas!)

Ammoniak ist in der Küche vielseitig verwendbar. Ein Eßlöffel Ammoniak im Ausguß "beruhigt" die Küche und löst zudem Fett- und Schmutzreste auf. Diese Methode ist wirksamer, als über Nacht eine mit Ammoniak gefüllte

Schale aufzustellen und den Inhalt am Morgen den Abfluß hinabzuspülen. Wenn Sie Ihren Backofen reinigen möchten, können Sie über Nacht eine Schale Ammoniak darin stehen lassen. Ammoniak sorgt für beruhigende Schwingungen und weicht die fettigen Ablagerungen an den Ofenwänden auf.

Das gleiche Verfahren eignet sich für die Badewanne und für die Abflüsse des Badezimmers. Bei täglicher Wiederholung entsteht so innerhalb einer Woche im ganzen Haus eine ruhige Atmosphäre. Eine Menge Wahrheit liegt in der Redensart "Sauberkeit kommt gleich nach der Göttlichkeit". Spirituelle Sauberkeit hält negative Einflüsse aller Art fern oder löst sie auf, selbst wenn sie bereits dabei sind, sich zu manifestieren. Viele Jahre lang konnte man ein Reinigungsmittel kaufen, das Kreosotöl enthielt. Mit einer Mischung aus Kreosot, Ammoniak und Meersalz lassen sich gefährliche negative Gedankenformen auflösen.

Das Rezept des Putzmittels gegen schlechte Schwingungen lautet:

30 Gramm Kreosotöl-Reiniger
1/4 Tasse Haushaltsammoniak
1 Teelöffel Meersalz

Geben Sie diese Bestandteile nacheinander in etwa fünfzehn Liter heißes Wasser. Säubern Sie den Fußboden mit dem Mop und wischen Sie ihn anschließend noch einmal mit diesem Wasser auf. Spülen Sie dann nicht mehr nach. (Verwenden Sie kein Kreosot-Holzschutzmittel, denn es enthält Erdöldestillate und hat nicht die von Ihnen gewünschte Wirkung.)

Sobald Sie Ruhe ins Haus gebracht haben, sollten Sie versuchen, diese Atmosphäre zu erhalten. Sie können einiges tun, um aus einem Haus ein Heim zu machen, in dem es sich angenehm leben läßt. Öffnen Sie die Fenster so oft wie möglich. In einem gut gelüfteten Haus lebt es sich leichter, da Sonnenschein und frische Luft negative Energie beseitigen helfen.

Sie sollten auch viele Pflanzen im Haus haben. Sie verbreiten gesunde, das Wachstum anregende Schwingungen. Wenn Sie keine Zimmerpflanzen mögen, sind Schnittblumen eine gute Alternative. Weiße Rosen absorbieren Negativität. Nelken und Rosen sollten Sie zur Hand haben, wenn Sie unbekannte Gäste erwarten: bei einer Party absorbieren sie die ausströmenden Schwingungen. Sogar wenn die Gäste schon gegangen sind, spüren Sie noch die positiven Schwingungen.

Wenn Sie negative Kräfte abwehren wollen, sind Blumen eine gute Möglichkeit: So sprechen indische Gurus und andere spirituelle Lehrer oft von einem Podium aus, das mit Schnittblumen geschmückt ist. Die "Blumenmauer" bildet einen Schutzschild zwischen dem Sprecher und seinen Zuhörern und hält die gierigen und verlangenden Gedanken seiner "treuen Anhänger" fern. Denken Sie in diesem Zusammenhang auch einmal über die Sitte nach, Blumen zur Beerdigung mitzubringen.

Es kommt auf die energetische Kraft der Blumen an, nicht auf die Art, und auch nicht auf ihre Farbe. Nur die Menge zählt. Je mehr Blumen Sie haben, desto größer ist die Wirkung.

Wenn Sie bestimmte Blumen für spezielle Anlässe auswählen möchten, kann Ihnen die folgende Liste vielleicht helfen.

Nelken strahlen heilende Schwingungen aus; sie sind auch ein schöner Schmuck. Man kann sie ins häusliche Krankenzimmer stellen oder Krankenhauspatienten mitbringen. Nelken helfen, emotionale oder seelische Störungen zu beseitigen.

Chrysanthemen geben nährende "Mutterschwingungen" ab. Man sollte sie im Haus haben, wenn ein Kind geboren wird, und für das Kinderzimmer sind sie einfach unersetzlich.

Gardenien strahlen Schwingungen aus, die die Harmonie zwischen den Menschen fördern, vor allem unter Partnern und Eheleuten. Sie absorbieren die Schwingungen, die bei Ehestreitigkeiten entstehen. Wenn Sie Ihre Partnerschaft stärken wollen, bringen Sie Gardenien ins Haus.

Gartenwicken als Topfpflanzen entspannen die Atmosphäre und machen sie freundlicher. Als Schnittblumen sind sie für diesen Zweck ungeeignet. Diese kleine unscheinbare Blume fördert die Beziehung zwischen Mann und Frau.

Lilien sind gut für einen Neubeginn, das heißt, wenn Sie etwas "noch einmal versuchen" wollen. Das Maiglöckchen (ebenfalls ein Liliengewächs) gehört nicht in diese Liste. Verwenden Sie nur die große Lilienart.

Rosen geben Schwingungen der Liebe ab. Sie absorbieren besonders gut negative Energie und mildern Ärger und Wut im Haus. Schon deshalb lohnt es sich, sie im Haus zu haben. Die weiße Rose ist ein Symbol der Reinheit, sie nimmt alles Unreine auf.

Wenn Sie keine Blumen um sich haben möchten, oder wenn sie aus irgendwelchen Gründen schwer zu beschaffen sind, gibt es noch andere Möglichkeiten, Ihr Haus mit positiven Schwingungen aufzuladen: Stellen Sie sich Ihr Haus als spirituelle Festung vor. Es ist der Ort, den Sie aufsuchen, um der Arbeits- und Alltagswelt zu entgehen, ein Ort des Friedens, wo die Zwietracht der Außenwelt keinen Zugang hat. Wenn Sie diese Gedankenformen aufbauen, werden Sie bald feststellen, daß sich Ihr Haus tatsächlich zu einem Ort des Frieden entwickelt, und Ihr Leben wird ruhiger.

Einen spirituellen Berater finden

Dieses Buch möchte ein Leitfaden der Ersten Hilfe bei spirituellen Problemen sein. Erste Hilfe hat aber ihre Grenzen; sie lindert nur Schwierigkeiten einfacher Art. Schwerwiegende Probleme sollte man einem geschulten Praktiker überlassen. Vieles, was im Reich der Seele auftritt, kann der "normale" Mensch nicht lösen, dazu braucht er die Hilfe eines Spezialisten.

Es ist schwierig, einen ehrlichen und fähigen spirituellen Praktiker zu finden, und die richtige Wahl wird von mehreren Faktoren beeinflußt. Dazu gehört Ihre Einstellung zur spirituellen Arbeit, die Tatsache, daß gute Praktiker dünn gesät sind, und die Gefahr, einem Scharlatan aufzusitzen.

Lassen Sie uns zunächst über die Einstellung sprechen, die Sie als Klient mitbringen. Bei vielen Menschen kommt es zu einer "geistigen Sperre", wenn sie auch nur daran denken, sich spirituell behandeln zu lassen. Mit der Muttermilch eingesogen haben wir den Glauben, alles existiert nur auf der materiellen Ebene, und es gibt keine "psychische Energie". Da die meisten von uns sich diese Auffassung einprogrammiert haben, weigern sie sich, überhaupt die Möglichkeit einer anderen Existenzform in Betracht zu ziehen. Wir können die Arbeit oder die Energie eines spirituellen Praktikers nicht akzeptieren, wenn wir nur an das glauben, war wir "schwarz auf weiß" sehen - sei es auf der materiellen, sei es auf der physikalischen Ebene.

Manche Menschen mögen den in der westlichen Kultur vorherrschenden Glauben, alles auf Erden sei ein Produkt der Materie, nach außen hin ablehnen; tief in ihrem Inneren ist er dennoch vorhanden. Diese Leute weisen auch jede spirituelle Behandlung zurück, und selbst wer meint, solche Einstellungen vom Verstand her überwunden zu haben, kann in Schwierigkeiten geraten - möglicherweise spricht er auf die Behandlung nicht an und hat keine Ahnung warum.

Um eine spirituelle Störung mit Erfolg zu behandeln, muß der spirituelle Praktiker innerhalb der Grenzen arbeiten, die der Klient bereit ist zu akzeptieren. Wenn der Berater einer anderen Kultur angehört oder Methoden anwendet, die für den Klienten unannehmbar sind, sollte der Klient besser auf die Behandlung verzichten. Der spirituelle Praktiker muß vorher also mit jedem Klienten ein Gespräch führen, um herauszufinden, ob er mit seiner Vorgehensweise einverstanden ist. Ist dies nicht der Fall, hat es keinen Sinn, einen Behandlungstermin zu vereinbaren.

Wenn Sie einen spirituellen Berater anrufen und er Sie aus irgendeinem Grund nicht als Klient annehmen möchte, sollten Sie die Absage nicht persönlich nehmen. Es bedeutet nur, daß er das, was sie von ihm erwarten, nicht bringen kann. Suchen Sie also weiter nach einem fähigen Berater, der innerhalb Ihres kulturellen Umfeldes arbeitet, vielleicht jemanden, der ein Verfahren anwendet, das Ihnen von ihrer Religion her vertraut ist - der Glaube Ihrer Kindheit, nicht ein kürzlich angenommener.

Manch einer hat Angst, einen spirituellen Praktiker zu Rate zu ziehen, vielleicht, weil er glaubt, die spirituelle Behandlung sollte sich in Gebeten für den Erkrankten erschöpfen. Wer dieser Auffassung ist, sollte einen Priester oder einen Seelsorger aufsuchen, damit dieser für ihn betet. Er wird vom Gebet ebensosehr profitieren wie von jeder Behandlung eines ausgebildeten spirituellen Praktikers.

Andere Leute, vor allem die protestantischen Fundamentalisten, glauben, spirituelle Arbeit schließe eine Art Bund mit dem Teufel ein. Diese Auffassung macht eine sinnvolle Arbeit unmöglich. Wer daran glaubt, sollte sich an die Kirche seiner Kindheit wenden und den Pfarrer bitten, für ihn zu beten.

Die Zahl derjenigen, die bereit sind, sich einem spirituellen Praktiker anzuvertrauen, ist also sehr klein. Diese Menschen lassen den Praktiker Diagnosen stellen und nehmen seine Anleitungen an, die ihrem spezifischen Fall entsprechen, und finden so zu einer befriedigenden Lösung ihrer Probleme.

Die nächste Hürde auf Ihrer Suche ist es, einen guten spirituellen Praktiker zu finden. Es gibt viele Scharlatane in dieser Branche. Hand-, Karten- und Kaffeesatzleser täuschen oft Kenntnisse vor, die sie nicht haben, und manch einer versucht, dem Klienten weiszumachen, er sei Opfer eines Fluches und könne nur erlöst werden, wenn er große Geldbeträge zahle. Meist trifft das nicht zu. Eine einfache Methode, solche Schwindler zu entlarven, ist die, auf ihre Werbung zu achten. Ladenschilder, Reklamezettel an der Straßenecke und alle Arten von Werbebroschüren sind in der Regel ein Hinweis darauf, daß der Betreffende kein seriöser Berater ist. Und eine wahrsagende Zigeunerin hat selten ein ernstes Problem gelöst.

Der Wichtigtuer, der das Übersinnliche zur Show macht, ist nicht "ihr Mann". Wenn Sie von jemandem hören, der als spiritueller Praktiker arbeitet und auf Monate hinaus ausgebucht ist oder Klienten aus den "besten Kreisen" hat - aus dem Showbusiness und aus den Oberen Zehntausend -, wissen Sie, daß auch er kein echter spiritueller Praktiker ist. Ein seriöser spiritueller Berater gibt die Namen seiner Klienten nicht preis - auch nicht anderen Kunden gegenüber. Wenn er wirklich von "Stars" konsultiert wird, verät er es nicht, und die Stars behalten es ohnehin für sich.

Und noch etwas: Verwechseln Sie den spirituellen Berater nicht mit dem durchschnittlich übersinnlich Begabten. Viele Leute haben Hellseher oder Handleser konsultiert. Diese "Seher" haben jedoch nur Lieschen Müller etwas zu bieten, die nicht viel von Okkultismus versteht und "tiefe, dunkle Geheimnisse" über sich selbst erfahren möchte. Oft will der Klient nur herausfinden, ob der "Hellseher" ihm etwas zu erzählen hat. Manchmal erhält er nützliche Informationen, oft genug nicht. Diese Seher sind häufig harmlos und können auf ihre Weise sehr hilfreich sein, indem sie Menschen helfen, den Materialismus zu überwinden, da sie manchmal Dinge wissen, die sie nur durch übersinnliche Wahrnehmung erfahren haben können. Halten Sie Ihre Freunde also nicht vom Besuch beim Hellseher ab - es könnte eine interessante Erfahrung für sie werden. Aber diese Hellseher sind keine spirituellen Praktiker. Ein spiritueller Praktiker veranstaltet keine "Sitzung", um Sie zu unterhalten.

Der seriöse spirituelle Berater ist kein "PSI-Detektiv". Er besitzt zwar paranormale Fähigkeiten, aber ihre Entwicklung steht nur am Anfang seiner Ausbildung. Vielleicht äußert er sich unangenehm nüchtern über seine Arbeit; aber er ist ruhig, konstruktiv und sachlich. Meist interessiert er sich nicht für Ihre übernatürlichen Erlebnisse und erzählt Ihnen nur dann von den seinen, wenn er etwas beweisen möchte. Wer von seinen Erfolgen oder mit dem Ruhm und der gesellschaftlichen Stellung seiner Klienten prahlt, ist gewöhnlich kein seriöser spiritueller Praktiker. Auch wenn er davon spricht, wie hart sein Studium war und wie unendlich dankbar Sie ihm sein müssen, sollten Sie auf seinen Rat verzichten, und wenn er von seiner Macht über andere Menschen spricht, sagt er meist nicht die Wahrheit. Jeder, der sich seiner spirituellen Erfolge rühmt oder von Wundern erzählt, die er vollbracht hat, ist nicht "Ihr" Berater.

Aber in all dem Wirrwarr aus Lug und Trug gibt es einige wenige Wegweiser, Merkmale, die alle spirituellen Praktikern gemeinsam sind. Folgen Sie diesen Wegweisern; vielleicht finden Sie doch die Stecknadel im Heuhaufen:

1. Er macht keinerlei Werbung, seine Klienten empfehlen ihn weiter. Manchmal kommt es vor, daß ein Klient einfach zur Tür hereinspaziert, ohne zu wissen, warum. Der Berater ist nicht auf den "gelben Seiten" zu finden, und vielleicht steht er nicht einmal auf den weißen Seiten. Möglicherweise fehlt sein Name am Briefkasten oder an der Tür. Er lebt zurückgezogen - dennoch wissen viele, daß es ihn gibt.

2. Der spirituelle Praktiker lebt nicht allein. Er ist verheiratet oder lebt mit einem Freund oder Mitarbeiter zusammen. Spirituelle Praktiker leben deshalb selten allein, weil sie unfähig sind, erfolgreich zu arbeiten, wenn ihnen nicht ein anderer, der eine andere Arbeit tut, "erdhafte Kräfte" zur Verfügung stellt.

3. Schon bei Ihrem ersten Treffen mit dem spirituellen Praktiker fühlen Sie sich bei ihm wie zu Hause. Wenn Ihre Behandlung wirken soll, müssen Sie ihm voll und ganz vertrauen, Sie müssen ehrlich sein und sich wohlfühlen. Das Vertrauen, das Sie empfinden, ist intuitiver und instinktiver Art. Wenn sich dieses Gefühl bei Ihrer Begegnung mit dem Berater oder kurz danach nicht einstellt, wird er Ihnen nicht helfen können. Spürt der spirituelle Praktiker Ihre Zweifel, wird er versuchen, sie zu zerstreuen. Dennoch müssen Sie ihn in diesem Fall mehrere Male aufsuchen, ehe Sie bereit sind, seine Behandlungsmethode zu akzeptieren.

Vertrauen ist ein bemerkenswertes Gefühl. Manchen Menschen vertrauen wir sofort - das Vertrauen scheint irgendwo in unserem Inneren zu entstehen. Wenn wir zu sehr unseren

Intellekt bemühen, entwickelt sich kein Vertrauen, weil wir die Situation mit dem Verstand beurteilen. Manchmal fürchten wir uns, unser Vertrauen einzugestehen; wir halten es für einen Fehler, jemandem zu schnell zu vertrauen oder zu mißtrauen. Wenn wir jedoch unserem "Gefühl" trauen, wird die Intuition uns leiten und uns signalisieren, was wir wissen müssen, ohne daß wir über andere Menschen zu urteilen brauchen.

4. Der spirituelle Praktiker wird Sie sofort "kennen". Er wird Ihnen einen Blick zuwerfen, der bis ins Innerste Ihrer Seele zu dringen scheint. Wenn er schon seit Jahren praktiziert, hat er gelernt, diesen Blick zu verbergen - oder auch nicht. Er kennt Sie, und was er Ihnen zu sagen hat, bringt tief in Ihrem Inneren eine Saite zum Schwingen. Mit der Zeit werden Sie lernen, daß Sie einen spirituellen Praktiker nicht täuschen können. Es ist unmöglich, ihm etwas vorzumachen.

5. Ein seriöser spiritueller Berater ist, wenn Sie bei ihm anrufen, möglicherweise nicht sofort verfügbar. Vielleicht meldet sich ein Anrufbeantworter, vielleicht ereichen Sie jemanden, der Ihre Anfrage weiterleitet und Sie um einige Angaben bittet - Namen, Geburtsdatum und Grund Ihres Anrufes. Es kann sein, daß man Sie bittet, in ein paar Tagen noch einmal anzurufen, um einen Termin zu vereinbaren. Die verzögerte Terminvereinbarung hat meist den Zweck, die Behandlung von "Notfällen" zu vermeiden. Wenn ein Mensch zuläßt, daß sein Leben am seidenen Faden der Zeit hängt, so ist das ein Zeichen dafür, daß er keine Verantwortung für sein Leben übernehmen will. Er bittet den spirituellen Praktiker, ihn vor einer Situation zu retten, deren Entwicklung er selbst so lange hingenommen hat, bis sie zum Notfall wurde. Der Berater müßte in diesem Fall die Verantwortung für den Klienten übernehmen - und das muß er ablehnen.

6. Gewöhnlich sind spirituelle Praktiker warmherzige Menschen und entgegenkommend. Sie urteilen und verurteilen nicht. Wenn Sie zum ersten Mal kommen, werden Sie mit Güte und Freundlichkeit empfangen. Der Mensch, der Ihnen helfen möchte, nimmt Sie so, wie Sie sind. Er ist weder kalt noch arrogant - denn Sie suchen ja seine Hilfe, um Ihr Bewußtsein zu verändern und sich weiterzuentwickeln. Wenn Sie Schwierigkeiten haben, auf menschliche Wärme zu reagieren, oder wenn Sie einem warmherzigen, freundlichen Menschen mißtrauen, wird Ihre spirituelle Behandlung darunter leiden. Wärme und Aufrichtigkeit, die aus dem Herzen kommen, sind gewöhnlich nicht zu trennen.

Wenn Sie aus Neugier nach einem spirituellen Berater suchen, werden Sie vielleicht auf eine "Berg-und-Talbahn-Fahrt" mitgenommen, Balsam für Ihre Seele, aber dennoch ziemlich rauh. Möglicherweise erhalten Sie allerlei irreführende mystische Informationen, die Ihnen spirituell weiterhelfen, und letztlich Ihre Motive bloßstellen. Das Erwachen kann ziemlich unangenehm sein.

Bei Ihrer Suche müssen Sie sich vor drei Gefahren inachtnehmen, die nicht sofort erkennbar sind, sondern sich erst im Laufe der Zeit herausbilden, während Sie mit dem Berater an Ihren Problemen arbeiten. Meist deuten gewisse Indizien darauf hin, daß der Berater in seiner Entwicklung noch nicht über einen bestimmten Punkt hinausgelangt ist. Eine Behandlung kann zwar wirksam sein, aber Ihre Entwicklung gestört werden.

Die drei Gefahren sind:

1. Hüten Sie sich vor spirituellen Praktikern, die versuchen, mit Ihnen "einen Trip zu machen". In moralischer Hinsicht gehören sie in dieselbe Kategorie wie wahrsagende Zigeunerinnen. Wenn sie beteuern, sie könnten Ihre Probleme mit

Willenskraft überwinden; wenn sie Ihnen das Gefühl geben, ein Versager zu sein; oder wenn sie Ihnen Schuldgefühle einflößen, lassen Sie sie laufen. Jeder, der über Sie urteilt und Sie verurteilt, jeder, der Schuldgefühle in Ihnen weckt oder Ihnen Angst vor dem Unbekannten einjagt, nimmt Sie aus eigennützigen Motiven mit auf eine Art Psycho-Trip. Meiden Sie diese moralischen Scharlatane, und suchen Sie weiter nach einem Berater mit ethischen Grundsätzen.

2. Hüten Sie sich vor Abhängigkeit. Wenn ein Berater versucht, einen anderen Menschen von sich abhängig zu machen, hilft er ihm nicht, sondern macht ihn zu seinem Sklaven. Seine Motive sind unlauter. Dies gilt auch, wenn ein spiritueller Berater Ihnen mit der "Heiligkeitsmasche" kommt und Schuldgefühle in Ihnen weckt, weil er "heilig" ist und Sie nicht. Kein echter spiritueller Praktiker wird das tun; er weiß, welche moralischen Folgen es hat, wenn jemand Heiligkeit für sich beansprucht. Scharlatane haben diese Skrupel nicht.

3. Lassen Sie sich nicht gleich zum "Schüler" machen. Sie sind hier, um sich aus einer unglücklichen Situation heraushelfen zu lassen. Warum sollte jemand von Ihnen verlangen, an einer Schulung teilzunehmen, bevor Sie mit sich selbst im Reinen sind? Ist die Forderung berechtigt, werden Sie eine plausible Erklärung bekommen. Andernfalls ist Mißtrauen geboten. Ähnliches gilt, wenn man Ihnen beim ersten Besuch mitteilt, Sie müßten "initiiert" werden. Eine Einweihung erfolgt niemals dann, wenn ein Mensch ein Problem zu lösen hat; sie darf nur vorgenommen werden, wenn jemand die volle Verantwortung für sein Leben übernommen und sich so weit entwickelt hat, daß eine Initiation sinnvoll ist. Suchen Sie in solchen Fällen nach einem anderen spirituellen Berater.

116

Jetzt, wo Sie einen spirituellen Praktiker gefunden haben, wollen wir Ihr Verhältnis zu ihm unter die Lupe nehmen. Wenn Sie mit jemandem arbeiten, der Ihnen helfen kann, jedes Problem zu lösen, das Sie gelöst haben möchten, dann müssen Sie damit rechnen, daß sich das Verhältnis zu "Ihrem" Berater mit jedem Problem ändert.

Natürlich hat jeder spirituelle Praktiker zu jedem seiner Klienten ein einzigartiges Verhältnis. Normalerweise tragen Sie beim ersten Besuch Ihr Anliegen vor, und der Praktiker sagt Ihnen, was seiner Meinung nach getan werden muß. Vielleicht sieht seine so aus, daß er über Ihrem Kopf betet, Sie segnet, Ihnen zu einem bestimmten Bad rät oder einen Badezusatz mitgibt, Ihnen ein Räuchermittel empfiehlt oder eines der Rituale vollzieht, die in diesem Buch beschrieben werden.

Wenn der spirituelle Praktiker der Ansicht ist, daß Sie eine weitere Behandlung benötigen, wird er Ihnen (meist) vorschlagen, eine Reihe von Gegenständen zu besorgen, zum Beispiel Staub von einer Straßenkreuzung, Blumen, Steine vom Friedhof, Schalen, Teller, Zigarren - oder was auch immer.

Bei Ihrem ersten Besuch wird er Ihnen einen neuen Termin geben. Bittet er Sie, bestimmte Dinge mitzubringen, sollten Sie sich daran halten, oder das nächste Mal mit einem Freund kommen, meist mit demjenigen, der Ihnen den Berater empfohlen hat. Manche spirituellen Praktiker möchten einen Klienten nicht alleine empfangen; aber die Besprechung findet immer im privaten Rahmen statt.

Nach dem zweiten oder dritten Besuch gibt Ihnen der Praktiker in der Regel einen neuen Termin, der einen Monat oder weiter in der Zukunft liegt; oder er schlägt Ihnen vor, ihn anzurufen, wenn Sie noch Probleme haben sollten. Die

Behandlung ist also in seinen Augen beendet. Wahscheinlich wurden Ihre Schwierigkeiten beseitigt, und die Lösung ist in Sicht oder liegt sogar auf der Hand. Wenn Sie nicht wissen, ob Ihr spiritueller Berater auch Langzeit-Therapien übernimmt oder als Lehrer tätig ist, sollten Sie nicht enttäuscht sein, nur weil er Sie nicht auffordert, sein Schüler zu werden. Einige spirituelle Praktiker sind Lehrer, andere nicht. Manche sind zu einer Langzeit-Therapie bereit, wenn der Klient sie benötigt, aber nicht alle. Die Therapie hat nichts mit Psychologie zu tun, weder in der Terminologie noch in der Methodik. Der spirituelle Praktiker schlägt Ihnen nur dann vor, mit ihm zu arbeiten, wenn er glaubt, daß es für Sie gut ist. Nur wenn er der Meinung ist, Sie sollten die gleiche Arbeit tun wie er, wird er Ihnen vorschlagen, sich von ihm ausbilden zu lassen. Es kommt nicht oft vor, daß man unter seinen Klienten einen fähigen Schüler findet. Meine beste Schülerin habe ich fast buchstäblich auf der Straße aufgelesen, und erst nach sechs Monaten gelang es mir, sie davon zu überzeugen, daß sie anderen Menschen helfen sollte. Schließlich willigte sie ein, sich von mir ausbilden zu lassen. Wenn Sie sich langfristig oder kurzfristig von einem spirituellen Praktiker behandeln lassen, wird die Beziehung manchmal durch sexuelle Untertöne getrübt. Das geschieht meist während der ersten zwei oder drei Besuche. Wenn Sie sich mit Ihrem spirituellen Berater privat treffen wollen oder wenn Sie plötzlich Lust auf ihn verspüren, müssen Sie sowohl an Ihren Motiven wie auch an denen des Beraters zweifeln. Sie sollten Ihr Verlangen unterdrücken und später unter die Lupe nehmen - zu Hause. Wenn der Anstoß vom Berater ausgeht, sind seine Motive fragwürdig. Warum sollte ein Helfer den Wunsch haben, eine intime Beziehung mit einem Hilfsbedürftigen eingehen? Eine Beziehung erfordert

118

eine gleiche oder beinahe gleiche Basis auf beiden Seiten. Ein spiritueller Praktiker kann einem Klienten nichts von sich selbst geben - außer seinen Körper. Er kann seine Lebenserfahrung, seine wahren Gedanken oder sein Wissen nicht mit Ihnen teilen, solange Sie noch dabei sind, Probleme zu lösen. Warum sucht Ihr Berater nicht einen ebenbürtigen Partner? Wenn er wirklich an Ihnen interessiert ist, warum wartet er nicht, bis Sie mit sich im Reinen sind, und sagt Ihnen dann, was ihn bewegt?

Geht der Drang, mit dem Berater sexuellen Kontakt zu haben, von Ihnen aus, ist es an der Zeit, Ihre Aufrichtigkeit zu prüfen. Hier können verschiedene Ursachen vorliegen. Mancher möchte den, der ihm hilft, auf sein Niveau herabziehen, in dem Glauben, wenn der andere mit ihm Sex haben möchte, könnten Sie nicht so schlecht sein - zumindest wären Sie attraktiv. Manch einer meint, wenn es ihm gelänge, einen Helfer zu verführen, hätte er ihn entlarvt. Für sehr unsichere Menschen ist Sex eine Möglichkeit, der Konfrontation mit der Tatsache auszuweichen, daß einige Merkmale der Persönlichkeit einer näheren Prüfung nicht standhalten. Der eigene Wunsch nach Sex bedeutet nicht immer Zuneigung zu dem betreffenden Menschen. Manchmal ist Sex ein Mittel, andere zu beherrschen. Sie sollten daher jeden Wunsch nach Sex mit einem spirituellen Praktiker genau prüfen - die Reaktion eines reifen Menschen ist es nicht!

Ehe Sie beginnen, nach jemandem zu suchen, der Ihnen wirklich helfen kann, sollten Sie sich unbedingt darüber im klaren sein, daß der seriöse spirituelle Praktiker nicht Ihnen zuliebe arbeitet. Er dient nur Gott, und ihm liegt hauptsächlich an seiner eigenen spirituellen Entwicklung. Ihre Bedeutung als Klient ist seinem Hauptanliegen untergeordnet. Spirituelle Praktiker helfen anderen, weil sie Wissende sind -

und weil sie sich selbst helfen, indem sie anderen helfen. Sie helfen Ihnen also - auf ihrem eigenen Weg.

Auch die Frage der Bezahlung muß hier angesprochen werden, denn oft sind gerade die Menschen, die anderen mit der größten Hingabe helfen, nicht reich. Wer dies aus tiefer Überzeugung tut, verlangt für seine Hilfe nichts Ungebührliches. Und wenn Sie ihn wirklich brauchen, können Sie ihn auch dann ansprechen, wenn Sie kein Geld haben. Eines Tages ist es vielleicht umgekehrt, und dann können Sie ihm helfen, entweder indem Sie ihm etwas zu essen kaufen, seine Miete zahlen oder zu seinem Lebensunterhalt beitragen. Geben Sie ihm dann, was Ihnen seine Hilfe wert war. Jetzt bezahlen Sie ihm das, was Sie sich leisten können, selbst wenn es wenig ist. Der wahre spirituelle Praktiker wird sich nie weigern, mit einem Klienten, der es ernst meint, zu arbeiten.

Manchmal verlangen spirituelle Berater ein Honorar für ihre Arbeit. Wenn dies so ist und Sie die Behandlung wirklich brauchen, bezahlen Sie. Manch einer hat kein gutes Leben gelebt und nur Recht auf eine Behandlung, wenn er dafür bezahlt. Hin und wieder verlangt der spirituelle Praktiker ein absurd geringes Honorar, weil er spürt, daß dies die einzige Methode ist, Ihnen begreiflich zu machen, daß er nicht mit Ihnen arbeiten will. Spirituelle Praktiker neigen dazu, eine Behandlung abzulehnen, die aus falschen Beweggründen gewünscht wird, und manchmal geschieht ihre Ablehnung auf recht seltsame Art und Weise.

Einen spirituellen Berater zu finden, kann also schwierig sein, denn er wirkt im Verborgenen. Wer sich für diesen Weg entschieden hat, geht nicht den leichtesten und einträglichsten.

Empfehlung

Ich empfehle Ihnen das folgende Therapieprogramm. Es ist für jeden anwendbar:

1. Lesen Sie dieses Buch ganz und schreiben Sie alles auf, was Ihrer Meinung nach auf Ihr spezielles Problem zutrifft.

2. Nehmen Sie das Bierbad gegen den bösen Blick.

3. Bringen Sie mit Ammoniak und geweihtem Salz im Putzwasser Ruhe und Frieden ins Haus. Beginnen Sie damit, Ammoniak in den Abfluß zu kippen.

4. Schlafen Sie regelmäßig "mit Wasser".

5. Untersuchen Sie jedes einzelne Ihrer Probleme. Nehmen Sie heilende Bäder, verwenden Sie Räucherwerk und anderes.

6. Sichern Sie den Frieden Ihres Hauses, indem Sie es häufig spirituell reinigen und den Fußboden mit speziellen Lösungen pflegen.

7. Beten Sie systematisch und regelmäßig zu Ihrem Schöpfer. Tun Sie es täglich und in der Sprache Ihrer Religion.

Verzeichnis der zitierten Bibelstellen

Die zitierten Stellen wurden der Luther-Bibel entnommen.
Ihre Bedeutung wird meist klarer, wenn Sie den Kontext
lesen, in dem sie stehen.

Altes Testament
1. Moses 1,6: Die Teilung des Wassers
1. Moses 8,20-21: Der süße Geruch des Brandopfers
2. Moses 12,22: Ysop als reinigendes Kraut
2. Moses 30,34: Weihrauch als Altar-Räucherwerk
Psalm 23: "Der Herr ist mein Hirte"
Psalm 51,7: Ysop als Reinigungsmittel

Die Evangelien
Matthäus 3,13-4,11: Die Taufe Jesu
Matthäus 5,43-7,29: Spirituelle Anweisungen
Matthäus 5: Das Gebet als Teil des Lebens. Kapitel 6,6 han-
delt vom Gebet im Stillen und vom öffentlichen Lohn.
Matthäus 6,9-13: Das Vaterunser
Matthäus 18,1-6: "Lasset die Kindlein zu mir kommen"
Markus 7,14-23: Der böse Blick ist eines der Übel, das aus
dem Inneren des Menschen kommt und ihn unrein macht.
Markus 11,12-14: Die Verfluchung des Feigenbaumes
Markus 11,20-21: Die Folgen des Fluches
Markus 11,22-26: Wie man Wunder wirkt
Markus 19,29: Ysop als Reinigungsmittel

Andere Stellen des neuen Testaments
Hebräer 9,19: Moses reinigt mit Blut
Offenbarung 18,13: Weihrauch und Zimt

Dion Fortune's

HANDBUCH FÜR SUCHENDE

enthüllt die vielen kleinen magischen Riten, die jeder von uns ausüben kann, um mit den alltäglichen Problemen des Lebens besser umgehen zu können.

Dion Fortune lehrt diese Dinge nicht wie Kochrezepte, sondern erklärt die okkulten Prinzipien, auf denen sie beruhen, so daß jeder, der sie anwenden möchte, dies mit ‚Verstand' tun kann.

Themen wie Gedankenkraft, Karma, Reinkarnation und Magnetismus in der Weltanschauung einer der bedeutendsten spirituellen Persönlichkeiten des 20. Jahrhunderts.

Aus der Reihe Bewußtsein

DM 15,00
92 Seiten, broschiert

ISBN 3-926374-30-6
Smaragd Verlag

Dion Fortune

Ein dämonischer Liebhaber

In diesem okkulten Thriller verbindet Dion Fortune ihr reiches Wissen über magische Riten und Praktiken mit ihrer außergewöhnlichen Begabung, künstliche Gestalten zum Leben zu erwecken.

Ein dämonischer Liebhaber ist die Geschichte einer spirituellen Odyssee: die Suche eines Mannes nach der letzten Wahrheit und innerer Erkenntnis; die Geschichte seiner Reise durch Tod und Finsternis in ein neues Leben, Hoffnung und Erlösung durch eine Frau, die alle Frauen verkörpert.

Wer eine spannende Erzählung liebt, mag dieses Buch einzig und allein aus Freude an einer guten Geschichte lesen. Jeder, der jedoch auf der Suche nach den Geheimnissen des Lebens jenseits unserer physischen Sinne ist, findet in diesem Roman eine Fülle wertvoller Information zu den Gefahren der Schwarzen Magie und den Praktiken der geheimen Logen.

„Außergewöhnlich gut geschrieben" (Times)

240 Seiten, gebunden
DM 38,—

ISBN 3-926374-24-1
Smaragd Verlag

Dion Fortune

DIE SEEPRIESTERIN

Dieser phantastische Roman führt den Leser in die Mythologie der Kelten, das sagenhafte Atlantis und zu einer faszinierenden Frauengestalt: Vivien le Fay Morgan.

Mit den Geheimnissen der Magie vertraut, verwandelt sie sich in ihre Namensschwester, Morgan le Fay, die Seepriesterin von Avalon, Pflegetochter von Merlin, dem Zauberer aus der Artussage. Schauplatz dieser dramatischen Geschichte ist ein einsames Fort an der Küste Cornwalls.

Wilfred Maxwell, ein von Mutter und Schwester gegängelter Junggeselle, verliebt sich in Morgan und folgt ihr auf der Suche nach dem Geheimnis der Magie zu einem alten Kult, wo sie die spirituelle Bedeutung der Magie des Mondes und das Mysterium von Tod und Wiedergeburt erfahren.

Die *Seepriesterin* gehört zu den klassischen spirituellen Werken der Literatur des 20. Jahrhunderts und gilt als einer der schönsten Romane, der je über Magie geschrieben wurde.

250 Seiten, Leinen gebunden
DM 38,00
ISBN 3-926374-12-8

Smaragd Verlag

Alan Richardson

Priesterin - Leben und Magie der Dion Fortune

Mit einer Hommage von Hans-Dieter Leuenberger

Dion Fortune (1890 - 1946) war das Pseudonym von Violet Firth und eine der bedeutendsten spirituellen Persönlichkeiten des 20. Jahrhunderts – die Alternative der Frauen zu Aleister Crowley.

Der Smaragd Verlag veröffentlicht erstmalig in deutscher Übersetzung die erste und einzige Biographie über diese faszinierende Frauengestalt. So verbreitet, geschätzt und anerkannt das schriftstellerische Werk ist, das uns *Dion Fortune* hinterlassen hat, so wenig wußte man bisher über ihre Person – nicht zuletzt, weil sie selbst sich darin gefiel, den Schleier des Geheimnisses über ihr Privatleben zu breiten ...

Alan Richardson hat in akribischer Kleinarbeit Spurensuche betrieben und legt nun die mit viel Humor und Sachkenntnis geschriebene Lebensgeschichte einer ‚Eingeweihten' vor, die den Sinn und die Aufgabe ihres Lebens darin sah, als Priesterin der Isis zu wirken und ihr reiches Wissen auf dem Gebiet westlicher Geheimwissenschaft weiterzugeben.

Alan Richardson gewährt uns Einblicke in die Geheimen Orden der damaligen Zeit wie die von Helena Petrowna gegründete Theosophische Gesellschaft, den Golden Dawn und *Dion Fortunes* eigene *Society of the Inner Light* (Gemeinschaft des Inneren Lichts) und läßt uns teilhaben an ihren Auseinandersetzungen mit so umstrittenen Zeitgenossen wie Charles W. Leadbeater, Moina und Samuel Mathers und, last not least, dem berühmt-berüchtigten Aleister Crowley. Die bewegende Lebensgeschichte der *Dion Fortune* – genauso außergewöhlich und spannend wie ihre Romane.

304 Seiten, broschiert
DM 34,—

ISBN 3-926374-25-X
Smaragd Verlag